Yo

88

FABLES

CHOISIES.

TOME TROISIEME.

FABLES

CHOISIES,

MISES EN VERS

PAR J. DE LA FONTAINE.

TOME TROISIEME.

A PARIS,

Chez { DESAINT & SAILLANT, rue Saint Jean de Beauvais.
{ DURAND, rue du Foin, en entrant par la rue S. Jacques.

M. DCC. LVI.

De l'Imprimerie de CHARLES-ANTOINE JOMBERT.

AVERTISSEMENT

Imprimé pour la premiere fois en 1678.

Voici un fecond Recueil de Fables que je préfente au Public. J'ai jugé à propos de donner à la plûpart de celles-ci un air & un tour un peu différent de celui que j'ai donné aux premieres, tant à caufe de la différence des fujets, que pour remplir de plus de variété mon Ouvrage. Les traits familiers que j'ai femés avec affez d'abondance dans celles-là, convenoient bien mieux aux inventions d'Éfope, qu'à ces dernieres, où j'en ufe plus fobrement, pour ne pas tomber en des répétitions : car le nombre de ces traits n'eft pas infini. Il a donc fallu que j'aye cherché d'autres enrichiffemens, & étendu davantage les circonftances de ces récits, qui d'ailleurs me fembloient le demander de la forte. Pour peu que le Lecteur y prenne garde, il le reconnoîtra lui-même : ainfi je ne tiens pas qu'il foit néceffaire d'en étaler ici les raifons, non plus que de dire où j'ai puifé ces derniers fujets. Seulement je dirai par reconnoiffance, que j'en dois la plus grande partie à Pilpay, fage Indien. Son Livre a été traduit en toutes les Langues. Les gens du pays le croyent fort ancien, & original à l'égard d'Éfope, fi ce n'eft Éfope lui-même, fous le nom du fage *Locman*. Quelques-autres m'ont fourni des fujets affez heureux. Enfin j'ai tâché de mettre en ces deux dernieres Parties toute la diverfité dont j'étois capable. Il s'eft gliffé quelques fautes dans l'impreffion. J'en ai fait faire un *Errata :* mais ce font de légers remédes pour un défaut confidérable. * Si on veut avoir quelque plaifir dans la lecture de cet ouvrage, il faut que chacun faffe corriger ces fautes à la main dans fon exemplaire, ainfi qu'elles font marquées par chaque *Errata*, auffi bien pour les premiers Livres, que pour les derniers.

---

* La Fontaine avoit raifon; & fon ftyle perd fouvent de fa clarté, de fon élégance & de fa force, par la plus légere incorrection. Les Editions multipliées de fes Fables, qui fourmillent de fautes, fans en excepter aucune, font une preuve de la légitimité de fes craintes, & de la néceffité de fon Avertiffement. Auffi a t-on veillé très-foigneufement à la correction de celles-ci, dont ce volume, ainfi que les deux précédens, donneront au Public des témoignages de l'attention redoublée qu'on apporte tous les jours à la perfection de cet Ouvrage.

TABLE
DES FABLES
CONTENUES DANS LE TROISIEME VOLUME.

LIVRE NEUVIEME.

FIN DE LA TABLE DU TROISIEME VOLUME.

A MADAME

A MADAME
DE MONTESPAN.

L'apologue eſt un don qui vient des Immortels,
Ou ſi c'eſt un préſent des hommes,
Quiconque nous l'a fait mérite des autels.
Nous devons, tous tant que nous ſommes,
Ériger en Divinité
Le Sage par qui fut ce bel Art inventé.
C'eſt proprement un charme: il rend l'ame attentive,
Ou pluſtôt il la tient captive,
Nous attachant à des récits
Qui menent à ſon gré les cœurs & les eſprits.
O vous qui l'imitez, Olympe, ſi ma Muſe
A quelquefois pris place à la table des Dieux,
Sur ſes dons aujourd'hui daignez porter les yeux:
Favoriſez les jeux où mon eſprit s'amuſe.
Le temps qui détruit tout, reſpectant votre appui,
Me laiſſera franchir les ans dans cet Ouvrage:
Tout Auteur qui voudra vivre encore après lui,
Doit s'acquérir votre ſuffrage.
C'eſt de vous que mes vers attendent tout leur prix:
Il n'eſt beauté dans nos Ecrits,
Dont vous ne connoiſſiez juſques aux moindres traces;
Eh ! qui connoît que vous les beautés & les graces?
Paroles & regards, tout eſt charme dans vous.
Ma Muſe, en un ſujet ſi doux,
Voudroit s'étendre davantage:
Mais il faut réſerver à d'autres cet emploi,
Et d'un plus grand Maître que moi
Votre louange eſt le partage.
Olympe, c'eſt aſſez qu'à mon dernier Ouvrage

Tome III. A

Votre nom ſerve un jour de rempart & d'abri:
Protégez déſormais le Livre favori
Par qui j'oſe eſpérer une ſeconde vie:
      Sous vos ſeuls auſpices ces Vers
      Seront jugés, malgré l'envie,
      Dignes des yeux de l'Univers.
Je ne mérite pas une faveur ſi grande;
      La Fable, en ſon nom, la demande:
Vous ſçavez quel crédit ce menſonge a ſur nous;
S'il procure à mes Vers le bonheur de vous plaire,
Je croirai lui devoir un temple pour ſalaire:
Mais je ne veux bâtir des temples que pour vous.

FABLES

CHOISIES.

LIVRE SEPTIEME.

FABLES CHOISIES.

LIVRE SEPTIEME.

FABLE I.

LES ANIMAUX MALADES DE LA PESTE.

Un mal qui répand la terreur,
    Mal que le ciel en fa fureur
Inventa pour punir les crimes de la terre,
La Pefte (puifqu'il faut l'appeller par fon nom)
Capable d'enrichir en un jour l'Achéron,
    Faifoit aux Animaux la guerre.
Ils ne mouroient pas tous, mais tous étoient frappés.
    On n'en voyoit point d'occupés
A chercher le foutien d'une mourante vie :
    Nul mets n'excitoit leur envie.
    Ni Loups, ni Renards n'épioient
    La douce & l'innocente proie.
    Les Tourterelles fe fuyoient ;
    Plus d'amour, partant plus de joie.
Le Lion tint confeil, & dit : mes chers amis,
    Je crois que le ciel a permis .
    Pour nos péchés cette infortune :
    Que le plus coupable de nous
Se facrifie aux traits du célefte courroux :
Peut-être il obtiendra la guérifon commune.
L'Hiftoire nous apprend qu'en de tels accidens
    On fait de pareils dévoûmens.
Ne nous flattons donc point, voyons fans indulgence
    L'état de notre confcience.

LES ANIMAUX MALADES DE LA PESTE , Fable CXXV.

J.B. Oudry inv.

P.E. Moitte Sculp.

Pour moi, fatisfaifant mes appétits gloutons,
      J'ai dévoré force moutons.
      Que m'avoient-ils fait? nulle offenfe:
Même il m'eft arrivé quelquefois de manger
         Le berger.
Je me dévoûrai donc, s'il le faut; mais je penfe
Qu'il eft bon que chacun s'accufe ainfi que moi:
Car on doit fouhaiter, felon toute juftice,
      Que le plus coupable périffe.
Sire, dit le Renard, vous êtes trop bon roi;
Vos fcrupules font voir trop de délicateffe;
Eh bien, manger moutons, canaille, fotte efpéce,
Eft-ce un péché? non, non: vous leur fîtes, feigneur,
      En les croquant beaucoup d'honneur.
      Et quant au berger, l'on peut dire
      Qu'il étoit digne de tous maux,
Etant de ces gens-là qui, fur les animaux,
      Se font un chimérique empire.
Ainfi dit le renard, & flatteurs d'applaudir.
      On n'ofa trop approfondir
Du tigre, ni de l'ours, ni des autres puiffances
      Les moins pardonnables offenfes.
Tous les gens querelleurs, jufqu'aux fimples mâtins,
Au dire de chacun, étoient de petits faints.
L'âne vint à fon tour, & dit: j'ai fouvenance
      Qu'en un pré de moines paffant,
La faim, l'occafion, l'herbe tendre, & je penfe,
      Quelque diable auffi me pouffant,
Je tondis de ce pré la largeur de ma langue:
Je n'en avois nul droit, puifqu'il faut parler net.
A ces mots on cria haro fur le baudet.
Un Loup, quelque peu clerc, prouva par fa harangue,
Qu'il falloit dévouer ce maudit animal,
Ce pelé, ce galeux, d'où venoit tout le mal.
Sa peccadille fut jugée un cas pendable.
  Tome III.   B

Manger l'herbe d'autrui! quel crime abominable!
Rien que la mort n'étoit capable
D'expier son forfait : on le lui fit bien voir.

Selon que vous ferez puiffant ou miférable,
Les Jugemens de cour vous rendront blanc ou noir.

(*Fable* CXXV.)

LE MAL-MARIÉ. Fable CXXVI.

J.B. Oudry inv.   P. Chenu Sculp.

FABLE II.

LE MAL MARIÉ.

Que le bon foit toujours camarade du beau,
    Dès demain je chercherai femme :
Mais comme le divorce entr'eux n'eft pas nouveau,
Et que peu de beaux corps, hôtes d'une belle ame,
    Affemblent l'un & l'autre point,
Ne trouvez pas mauvais que je ne cherche point.

J'ai vû beaucoup d'hymens, aucuns d'eux ne me tentent :
Cependant, des humains prefque les quatre parts
S'expofent hardiment au plus grand des hazards :
Les quatre parts auffi des humains fe repentent.
J'en vais alléguer un qui, s'étant repenti,
    Ne put trouver d'autre parti,
    Que de renvoyer fon Époufe,
    Querelleufe, avare & jaloufe.
Rien ne la contentoit, rien n'étoit comme il faut ;
On fe levoit trop tard, on fe couchoit trop tôt :
Puis du blanc, puis du noir, puis encore autre chofe.
Les valets enrageoient, l'Époux étoit à bout :
Monfieur ne fonge à rien, monfieur dépenfe tout,
    Monfieur court, monfieur fe repofe.
Elle en dit tant, que monfieur à la fin,
    Laffé d'entendre un tel lutin,
    Vous la renvoie à la campagne
    Chez fes parens. La voilà donc compagne
De certaines Philis qui gardent les dindons,
    Avec les gardeurs de cochons.
Au bout de quelque temps qu'on la crut adoucie,
Le Mari la reprend. Eh bien, qu'avez-vous fait ?
    Comment paffiez-vous votre vie ?

L'innocence des champs eſt-elle votre fait ?
   Aſſez, dit-elle : mais ma peine
Étoit de voir les gens plus pareſſeux qu'ici :
   Ils n'ont des troupeaux nul ſouci.
Je leur ſçavois bien dire ; & m'attirois la haine
   De tous ces gens ſi peu ſoigneux.
Eh, Madame, reprit ſon Époux tout-à-l'heure,
   Si votre eſprit eſt ſi hargneux
   Que le monde qui ne demeure
Qu'un moment avec vous, & ne revient qu'au ſoir,
   Eſt déjà laſſé de vous voir,
Que feront des valets qui, toute la journée,
   Vous verront contre eux déchaînée ?
   Et que pourra faire un époux
Que vous voulez qui ſoit jour & nuit avec vous ?
Retournez au village : adieu. Si de ma vie
Je vous rappelle, & qu'il m'en prenne envie,
Puiſſé-je chez les morts avoir, pour mes péchés,
Deux femmes comme vous ſans ceſſe à mes côtés.

(*Fable* CXXVI.)

LE RAT QUI S'EST RETIRE DU MONDE. Fable CXXVII.

J.B. Oudry inv.

J. Riland sculp.

FABLE III.

LE RAT QUI S'EST RETIRÉ DU MONDE.

Les Levantins, en leur légende,
Difent qu'un certain Rat, las des foins d'ici-bas,
Dans un fromage de hollande
Se retira loin du tracas.
La folitude étoit profonde,
S'étendant par tout à la ronde.
Notre hermite nouveau fubfiftoit là dedans.
Il fit tant des pieds & des dents,
Qu'en peu de jours il eut au fond de l'hermitage
Le vivre & le couvert : que faut-il davantage ?
Il devint gros & gras : dieu prodigue fes biens
A ceux qui font vœu d'être fiens.
Un jour, au dévot perfonnage,
Des députés du peuple rat
S'en vinrent demander quelque aumône légere :
Ils alloient en terre étrangere
Chercher quelque fecours contre le peuple chat :
Ratopolis étoit bloquée :
On les avoit contraints de partir fans argent,
Attendu l'état indigent
De la république attaquée.
Ils demandoient fort peu, certains que le fecours
Seroit prêt dans quatre ou cinq jours.
Mes amis, dit le Solitaire,
Les chofes d'ici-bas ne me regardent plus :
En quoi peut un pauvre reclus
Vous affifter ? que peut-il faire,
Que de prier le ciel qu'il vous aide en ceci ?
J'efpere qu'il aura de vous quelque fouci.

Tome III.   C

Ayant parlé de cette forte,
Le nouveau Saint ferma fa porte.

Qui défignai-je, à votre avis,
Par ce Rat fi peu fecourable?
Un Moine? non, mais un Dervis.
Je fuppofe qu'un Moine eft toujours charitable.

(Fable CXXVII.)

LE HERON. Fable CXXVII.

FABLE IV.

LE HÉRON.

Un jour sur ses longs pieds alloit je ne sçais où,
Le Héron au long bec emmanché d'un long cou.
    Il cotoyoit une riviere.
L'onde étant transparente, ainsi qu'aux plus beaux jours,
Ma commere la carpe y faisoit mille tours   .
    Avec le brochet son compere.
Le Héron en eût fait aisément son profit;
Tous approchoient du bord, l'oiseau n'avoit qu'à prendre:
    Mais il crut mieux faire d'attendre
    Qu'il eût un peu plus d'appétit.
Il vivoit de régime; & mangeoit à ses heures.
Après quelques momens l'appétit vint: l'oiseau
    S'approchant du bord, vit sur l'eau
Des tanches qui sortoient du fond de ces demeures.
Le mets ne lui plut pas, il s'attendoit à mieux,
    Et montroit un goût dédaigneux
    Comme le rat du bon Horace.
Moi des tanches? dit-il, moi Héron que je fasse
Une si pauvre chére? & pour qui me prend-on?
La tanche rebutée, il trouva du goujon.
Du goujon! c'est bien là le dîner d'un Héron!
J'ouvrirois pour si peu le bec! aux Dieux ne plaise.
Il l'ouvrit pour bien moins: tout alla de façon
    Qu'il ne vit plus aucun poisson.
La faim le prit: il fut tout heureux & tout aise
    De rencontrer un limaçon,

    Ne soyons pas si difficiles:
Les plus accommodans, ce sont les plus habiles.
On hazarde de perdre en voulant trop gagner.

Gardez-vous de rien dédaigner,
Sur-tout quand vous avez à peu près votre compte.
Bien des gens y font pris: ce n'eft pas aux Hérons
Que je parle: écoutez, Humains, un autre conte.
Vous verrez que chez vous j'ai puifé ces leçons.

(*Fable CXXVIII.*)

LA FILLE . Fable CXXIX

J.B. Oudry inv.

Riland sculp.

FABLE V.

LA FILLE.

Certaine Fille un peu trop fiére,
Prétendoit trouver un mari
Jeune, bien fait, & beau, d'agréable maniere,
Point froid & point jaloux : notez ces deux points-ci.
　　　Cette Fille vouloit auffi
　　　Qu'il eût du bien, de la naiffance,
De l'efprit, enfin tout : mais qui peut tout avoir ?
Le deftin fe montra foigneux de la pourvoir :
　　　Il vint des partis d'importance.
La Belle les trouvoit trop chétifs de moitié.
Quoi moi ? quoi ces gens-là ? l'on radote, je penfe ;
A moi les propofer ? hélas, ils font pitié.
　　　Voyez un peu la belle efpéce !
L'un n'avoit en l'efprit nulle délicateffe,
L'autre avoit le nez fait de cette façon-là :
　　　C'étoit ceci, c'étoit cela,
　　　C'étoit tout ; car les précieufes
　　　Font deffus tout les dédaigneufes.
Après les bons partis, les médiocres gens
　　　Vinrent fe mettre fur les rangs.
Elle de fe moquer. Ah vraiment je fuis bonne
De leur ouvrir la porte : ils penfent que je fuis
　　　Fort en peine de ma perfonne.
　　　Grace à Dieu, je paffe les nuits
　　　Sans chagrin, quoi qu'en folitude.
La Belle fe fçut gré de tous ces fentimens.
L'âge la fit décheoir : adieu tous les amans.
Un an fe paffe & deux avec inquiétude.
Le chagrin vient enfuite : elle fent chaque jour
Déloger quelques ris, quelques jeux, puis l'amour :

Tome III.　　　　　　　　　　　　　D

Puis fes traits choquer & déplaire:
Puis cent fortes de fards. Ses foins ne purent faire
Qu'elle échappât au temps, cet infigne larron.
    Les ruines d'une maifon
Se peuvent réparer: que n'eft cet avantage
    Pour les ruines du vifage!
Sa préciofité changea lors de langage.
Son miroir lui difoit, prenez vîte un mari:
Je ne fçais quel defir le lui difoit auffi:
Le defir peut loger chez une précieufe:
Celle-ci fit un choix qu'on n'auroit jamais cru,
Se trouvant à la fin toute aife & toute heureufe
    De rencontrer un malotru.

(Fable CXXIX.)

LES SOUHAITS Fable CXXX.

J.B. Oudry inv.

P. Avelines sculp.

FABLE VI.

LES SOUHAITS.

Il est au mogol des folets
Qui font office de valets,
Tiennent la maison propre, ont soin de l'équipage,
Et quelquefois du jardinage.
Si vous touchez à leur ouvrage,
Vous gâtez tout. Un d'eux près du Gange autrefois,
Cultivoit le jardin d'un assez bon bourgeois.
Il travailloit sans bruit, avoit beaucoup d'adresse,
Aimoit le maître & la maîtresse,
Et le jardin sur-tout. Dieu sçait si les zéphirs
Peuple ami du démon, l'assistoient dans sa tâche.
Le folet, de sa part, travaillant sans relâche,
Combloit ses hôtes de plaisirs.
Pour plus de marques de son zele,
Chez ces gens pour toujours il se fût arrêté,
Nonobstant la légereté
A ses pareils si naturelle:
Mais ses confreres les esprits
Firent tant, que le chef de cette république,
Par caprice ou par politique,
Le changea bientôt de logis.
Ordre lui vient d'aller au fond de la Norvége
Prendre le soin d'une maison
En tout temps couverte de neige;
Et d'Indou qu'il étoit, on vous le fait Lapon.
Avant que de partir, l'esprit dit à ses hôtes:
On m'oblige de vous quitter,
Je ne sçais pas pour quelles fautes,
Mais enfin il le faut, je ne puis arrêter,
Qu'un temps fort court, un mois, peut-être une semaine.

Employez-la : formez trois fouhaits, car je puis
       Rendre trois fouhaits accomplis ;
Trois fans plus. Souhaiter, ce n'eft pas une peine
       Etrange & nouvelle aux humains.
Ceux-ci, pour premier vœu, demandent l'abondance ;
       Et l'abondance, à pleines mains,
       Verfe en leurs coffres la finance,
En leurs greniers le bled, dans leurs caves les vins :
Tout en creve. Comment ranger cette chevance?
Quels regiftres, quels foins, quel temps il leur fallut!
Tous deux font empêchés fi jamais on le fut.
       Les voleurs contre eux comploterent,
       Les grands feigneurs leur emprunterent,
Le Prince les taxa. Voilà les pauvres gens
       Malheureux par trop de fortune.
Otez-nous de ces biens l'affluence importune,
Dirent-ils, l'un & l'autre : heureux les indigens!
La pauvreté vaut mieux qu'une telle richeffe.
Retirez-vous, tréfors : fuyez ; & toi, Déeffe,
Mere du bon efprit, compagne du repos,
O Médiocrité, reviens vîte. A ces mots
La Médiocrité revient ; on lui fait place ;
       Avec elle ils rentrent en grace,
Au bout de deux fouhaits étant auffi chanceux
       Qu'ils étoient, & que font tous ceux
Qui fouhaitent toujours, & perdent en chiméres
Le temps qu'ils feroient mieux de mettre à leurs affaires,
       Le folet en rit avec eux.
       Pour profiter de fa largeffe,
Quand il voulut partir, & qu'il fut fur le point,
       Ils demanderent la fageffe :
       C'eft un tréfor qui n'embarraffe point.

                                      (Fable CXXX.)

LA COUR DU LION. Fable CXXXI.

J.B.Oudry inv.   M.Marve sculp.

FABLE VII.

LA COUR DU LION.

Sa majesté Lionne un jour voulut connoître
De quelles nations le ciel l'avoit fait maître.
    Il manda donc par députés
    Ses vassaux de toute nature,
    Envoyant de tous les côtés
    Une circulaire écriture,
    Avec son sceau. L'écrit portoit
    Qu'un mois durant, le roi tiendroit
    Cour pleniére, dont l'ouverture
    Devoit être un fort grand festin,
    Suivi des tours de Fagotin.
    Par ce trait de magnificence
Le Prince à ses sujets étaloit sa puissance.
    En son louvre il les invita.
Quel louvre ! un vrai charnier, dont l'odeur se porta
D'abord au nez des gens. L'ours boucha sa narine :
Il se fût bien passé de faire cette mine.
Sa grimace déplut. Le monarque irrité
    L'envoya chez Pluton faire
    Le dégoûté.
Le singe approuva fort cette sévérité ;
Et, flatteur excessif, il loua la colere,
Et la griffe du prince, & l'antre, & cette odeur :
    Il n'étoit ambre, il n'étoit fleur,
Qui ne fût ail au prix. Sa sotte flatterie,
Eut un mauvais succès, & fut encor punie.
    Ce monseigneur du Lion-là,
    Fut parent de Caligula.
Le renard étant proche : or ça, lui dit le Sire,
Que sens-tu ? dis-le-moi : parle sans déguiser.
Tome III.   E

L'autre auffi-tôt de s'excufer,
Alléguant un grand rhume : il ne pouvoit que dire
Sans odorat : bref il s'en tire.

Ceci vous fert d'enfeignement.
Ne foyez à la cour, fi vous voulez y plaire,
Ni fade adulateur, ni parleur trop fincére ;
Et tâchez quelquefois de répondre en Normand.

(*Fable CXXXI*).

LES VAUTOURS ET LES PIGEONS. Fable CXXXII.

J.B. Oudry inv.   Chedel sculp.

FABLE VIII.

Les Vautours et les Pigeons.

Mars autrefois mit tout l'air en émûte.
Certain fujet fit naître la difpute
Chez les oifeaux, non ceux que le printemps
Méne à fa cour, & qui fous la feuillée,
Par leur exemple & leurs fons éclatans,
Font que Vénus eft en nous réveillée;
Ni ceux encor que la mere d'Amour
Met à fon char: mais le peuple Vautour
Au bec retors, à la tranchante ferre.
Pour un chien mort fe fit, dit-on, la guerre.
Il plut du fang: je n'exagere point.
Si je voulois conter de point en point
Tout le détail, je manquerois d'haleine.
Maint chef périt, maint héros expira;
Et fur fon roc Prométhée efpéra
De voir bientôt une fin à fa peine.
C'étoit plaifir d'obferver leurs efforts;
C'étoit pitié de voir tomber les morts.
Valeur, adreffe, & rufes, & furprifes,
Tout s'employa. Les deux troupes éprifes
D'ardent courroux, n'épargnoient nuls moyens
De peupler l'air que refpirent les ombres:
Tout élément remplit de citoyens
Le vafte enclos qu'ont les royaumes fombres.
Cette fureur mit la compaffion
Dans les efprits d'une autre nation
Au col changeant, au cœur tendre & fidéle:
Elle employa fa médiation
Pour accorder une telle querelle.
Ambaffadeurs par le peuple Pigeon

Furent choifis; & fi bien travaillerent,
Que les Vautours plus ne fe chamaillérent.
Ils firent tréve; & la paix s'enfuivit.
Hélas! ce fut aux dépens de la race
A qui la leur auroit dû rendre grace.
La gent maudite auffi-tôt pourfuivit
Tous les Pigeons, en fit ample carnage,
En dépeupla les bourgades, les champs.
Peu de prudence eurent les pauvres gens,
D'accommoder un peuple fi fauvage.

Tenez toujours divifés les méchans;
La fûreté du refte de la terre
Dépend de là: femez entre eux la guerre,
Ou vous n'aurez avec eux nulle paix.
Ceci foit dit en paffant: je me tais.

(*Fable CXXXII.*)

LE COCHE ET LA MOUCHE . Fable CXXXIII

J.B.Oudry inv.

Guillard sculp.

FABLE IX.

Le Coche et la Mouche.

Dans un chemin montant, fablonneux, mal-aifé,
Et de tous les côtés au foleil expofé,
    Six forts chevaux tiroient un coche.
Femmes, moines, vieillards, tout étoit defcendu.
L'attelage fuoit, fouffloit, étoit rendu.
Une Mouche furvient, & des chevaux s'approche,
Prétend les animer par fon bourdonnement,
Pique l'un, pique l'autre, & penfe à tout moment
    Qu'elle fait aller la machine,
S'affied fur le timon, fur le nez du cocher.
    Auffi-tôt que le char chemine,
    Et qu'elle voit les gens marcher,
Elle s'en attribue uniquement la gloire,
Va, vient, fait l'empreffée: il femble que ce foit
Un fergent de bataille, allant en chaque endroit
Faire avancer fes gens, & hâter la victoire.
    La Mouche, en ce commun befoin,
Se plaint qu'elle agit feule, & qu'elle a tout le foin;
Qu'aucun n'aide aux chevaux à fe tirer d'affaire.
    Le moine difoit fon bréviaire:
Il prenoit bien fon temps! Une femme chantoit:
C'étoit bien de chanfons qu'alors il s'agiffoit!
Dame Mouche s'en va chanter à leurs oreilles,
    Et fait cent fottifes pareilles.
Après bien du travail, le coche arrive au haut.
Refpirons maintenant, dit la Mouche auffi-tôt:
J'ai tant fait que nos gens font enfin dans la plaine.
Ça, meffieurs les chevaux, payez-moi de ma peine.

Tome III.   F

Ainſi certaines gens, faiſant les empreſſés,
　　　　S'introduiſent dans les affaires.
　　　　Ils font par tout les néceſſaires;
Et par tout importuns, devroient être chaſſés.

(*Fable CXXXIII.*)

LA LAITIERE ET LE POT AU LAIT. Fable CXXXIV

J.B. Oudry inv.

Riland sculp

FABLE X.

LA LAITIERE ET LE POT AU LAIT.

Perrette, fur fa tête ayant un pot au lait,
    Bien pofé fur un couffinet,
Prétendoit arriver fans encombre à la ville.
Légere & court vêtue, elle alloit à grands pas,
Ayant mis ce jour-là, pour être plus agile,
    Cotillon fimple & fouliers plats.
    Notre Laitiere ainfi trouffée,
    Comptoit déja dans fa penfée
Tout le prix de fon lait, en employoit l'argent,
Achetoit un cent d'œufs, faifoit triple couvée :
La chofe alloit à bien par fon foin diligent.
    Il m'eft, difoit-elle, facile
D'élever des poulets autour de ma maifon :
    Le renard fera bien habile,
S'il ne m'en laiffe affez pour avoir un cochon.
Le porc à s'engraiffer coûtera peu de fon :
Il étoit, quand je l'eus, de groffeur raifonnable.
J'aurai, le revendant, de l'argent bel & bon ;
Et qui m'empêchera de mettre en notre étable,
Vû le prix dont il eft, une vache & fon veau,
Que je verrai fauter au milieu du troupeau ?
Perrette là-deffus faute auffi, tranfportée.
Le lait tombe : adieu veau, vache, cochon, couvée.
La Dame de ces biens, quittant d'un œil marri
    Sa fortune ainfi répandue,
    Va s'excufer à fon mari,
    En grand danger d'être battue.
    Le récit en farce en fut fait :
    On l'appella *le Pot au Lait.*

Quel efprit ne bat la campagne?
Qui ne fait châteaux en Efpagne?
Pichrocole, Pyrrhus, la Laitiere, enfin tous,
Autant les fages que les fous.
Chacun fonge en veillant, il n'eft rien de plus doux.
Une flatteufe erreur emporte alors nos ames:
Tout le bien du monde eft à nous,
Tous les honneurs, toutes les femmes.
Quand je fuis feul, je fais au plus brave un défi:
Je m'écarte, je vais détrôner le Sofi;
On m'élit Roi, mon peuple m'aime:
Les diadêmes vont fur ma tête pleuvant.
Quelque accident fait-il que je rentre en moi-même,
Je fuis Gros-Jean, comme devant.

(*Fable CXXXIV.*)

LE CURÉ ET LE MORT. Fable CXXXV.

J.B. Oudry inv.   L. Legrand sculp

FABLE XI.

Le Curé et le Mort.

Un Mort s'en alloit triſtement
S'emparer de ſon dernier gîte:
Un Curé s'en alloit gaiment
Enterrer ce Mort au plus vîte.
Notre Défunt étoit en carroſſe porté,
Bien & dûment empaqueté,
Et vêtu d'une robe, hélas! qu'on nomme biére,
Robe d'hyver, robe d'été,
Que les morts ne dépouillent guére.
Le Paſteur étoit à côté,
Et récitoit à l'ordinaire
Maintes dévotes oraiſons,
Et des pſeaumes & des leçons,
Et des verſets & des répons.
Monſieur le Mort, laiſſez-nous faire,
On vous en donnera de toutes les façons:
Il ne s'agit que du ſalaire.
Meſſire Jean Chouart couvoit des yeux ſon Mort,
Comme ſi l'on eût dû lui ravir ce tréſor;
Et, des regards, ſembloit lui dire:
Monſieur le Mort, j'aurai de vous,
Tant en argent, & tant en cire,
Et tant en autres menus coûts.
Il fondoit là-deſſus l'achat d'une feuillette
Du meilleur vin des environs:
Certaine niéce aſſez proprette,
Et ſa chambriere Pâquette
Devoient avoir des cotillons.
Sur cette agréable penſée
Un heurt ſurvient: adieu le char.

Tome III.   G

Voilà Meſſire Jean Chouart
Qui du choc de ſon Mort a la tête caſſée :
Le Paroiſſien, en plomb, entraîne ſon Paſteur,
    Notre Curé ſuit ſon Seigneur :
    Tous deux s'en vont de compagnie.

    Proprement, toute notre vie
Eſt le Curé Chouart, qui ſur ſon Mort comptoit,
    Et la Fable du Pot au lait.

(Fable CXXXV.)

FABLE XII.

L'HOMME

QUI COURT APRÈS LA FORTUNE,

ET L'HOMME

QUI L'ATTEND DANS SON LIT.

FABLE XII.

L'Homme qui court après la Fortune, et l'Homme qui l'attend dans son lit.

Qui ne court après la Fortune?
Je voudrois être en lieu d'où je puffe aifément
    Contempler la foule importune
    De ceux qui cherchent vainement
Cette fille du fort de royaume en royaume,
Fidéles courtifans d'un volage fantôme.
    Quand ils font près du bon moment,
L'inconftante auffi-tôt, à leurs défirs échappe:
Pauvres gens! je les plains; car on a pour les fous
    Plus de pitié que de courroux.
Cet homme, difent-ils, étoit planteur de choux;
    Et le voilà devenu pape:
Ne le valons-nous pas? vous valez cent fois mieux:
    Mais que vous fert votre mérite?
    La Fortune a-t'elle des yeux?
Et puis, la papauté vaut-elle ce qu'on quitte,
Le repos, le repos tréfor fi précieux,
Qu'on en faifoit jadis le partage des dieux?
Rarement la Fortune à fes hôtes le laiffe.
    Ne cherchez point cette déeffe,
Elle vous cherchera: fon fexe en ufe ainfi.

Certain couple d'amis, en un bourg établi,
Poffédoit quelque bien. L'un foupiroit fans ceffe
    Pour la Fortune: il dit à l'autre un jour,
    Si nous quittions notre féjour?
    Vous fçavez que nul n'eft prophéte
En fon pays: cherchons notre aventure ailleurs.
Cherchez, dit l'autre ami: pour moi je ne fouhaite

L'HOMME QUI COURT APRES LA FORTUNE ET L'HOMME QUI L'ATTEND DANS SON LIT. Fab. CXXXVI.

J.B. Oudry inv.   J.A. de Lchet sculp

Ni climats, ni deftins meilleurs.
Contentez-vous; fuivez votre humeur inquiéte:
Vous reviendrez bientôt. Je fais vœu cependant
De dormir en vous attendant.
L'ambitieux, ou, fi l'on veut, l'avare,
S'en va par voie & par chemin.
Il arriva le lendemain
En un lieu que devoit la Déeffe bizarre
Fréquenter fur tout autre; & ce lieu, c'eft la cour.
Là donc, pour quelque temps, il fixe fon féjour,
Se trouvant au coucher, au lever, à ces heures
Que l'on fçait être les meilleures,
Bref fe trouvant à tout, & n'arrivant à rien.
Qu'eft-ceci? fe dit-il: cherchons ailleurs du bien:
La Fortune pourtant habite ces demeures.
Je la vois tous les jours entrer chez celui-ci,
Chez celui-là: d'où vient qu'auffi
Je ne puis héberger cette capricieufe?
On me l'avoit bien dit, que des gens de ce lieu
L'on n'aime pas toujours l'humeur ambitieufe.
Adieu, meffieurs de cour, meffieurs de cour, adieu.
Suivez jufques au bout une ombre qui vous flatte.
La Fortune a, dit-on, des temples à Surate:
Allons-là. Ce fut un de dire & s'embarquer.
Ames de bronze, humains, celui-là fut fans doute
Armé de diamant, qui tenta cette route,
Et le premier ofa l'abyfme défier.
Celui-ci, pendant fon voyage,
Tourna les yeux vers fon village
Plus d'une fois; effuyant les dangers
Des pirates, des vents, du calme & des rochers,
Miniftres de la mort. Avec beaucoup de peines
On s'en va la chercher en des rives lointaines,
La trouvant affez tôt fans quitter la maifon.
L'homme arrive au Mogol: on lui dit qu'au Japon

La Fortune pour lors diſtribuoit ſes graces.

　　　Il y court: les mers étoient laſſes

　　　De le porter; & tout le fruit

　　　Qu'il tira de ſes longs voyages,

Ce fut cette leçon que donnent les ſauvages:

Demeure en ton pays, par la nature inſtruit.

Le Japon ne fut pas plus heureux à cet homme

　　　Que le Mogol l'avoit été:

　　　Ce qui lui fit conclure en ſomme,

Qu'il avoit à grand tort ſon village quitté.

　　　Il renonce aux courſes ingrates,

Revient en ſon pays, voit de loin ſes pénates,

Pleure de joie, & dit: heureux qui vit chez ſoi,

De régler ſes déſirs faiſant tout ſon emploi.

　　　Il ne ſçait que par oui-dire

Ce que c'eſt que la cour, la mer, & ton empire,

Fortune, qui nous fais paſſer devant les yeux

Des dignités, des biens, que juſqu'au bout du monde

On ſuit, ſans que l'effet aux promeſſes réponde.

Déſormais je ne bouge, & ferai cent fois mieux.

　　　En raiſonnant de cette ſorte,

Et contre la Fortune ayant pris ce conſeil,

　　　Il la trouve aſſiſe à la porte

De ſon ami plongé dans un profond ſommeil.

(*Fable* CXXXVI.)

LES DEUX COQS. Fable CXXXVII.

J.B. Oudry inv.   M. Marvie sculp.

FABLE XIII.

LES DEUX COQS.

Deux Coqs vivoient en paix, une Poule furvint,
  Et voilà la guerre allumée.
Amour, tu perdis Troye; & c'eſt de toi que vint
  Cette querelle envenimée,
Où du ſang des dieux même on vit le Xanthe teint.
Long-temps, entre nos Coqs, le combat ſe maintint.
Le bruit s'en répandit par tout le voiſinage.
La gent qui porte crête au ſpectacle accourut.
  Plus d'une Hélene au beau plumage
Fut le prix du vainqueur: le vaincu diſparut:
Il alla ſe cacher au fond de ſa retraite,
  Pleura ſa gloire & ſes amours;
Ses amours, qu'un rival tout fier de ſa défaite
Poſſédoit à ſes yeux. Il voyoit tous les jours
Cet objet rallumer ſa haine & ſon courage.
Il aiguiſoit ſon bec, battoit l'air & ſes flancs;
  Et s'exerçant contre les vents,
  S'armoit d'une jalouſe rage.
Il n'en eut pas beſoin. Son vainqueur ſur les toits
  S'alla percher & chanter ſa victoire.
  Un Vautour entendit ſa voix:
  Adieu les amours & la gloire.
Tout cet orgueil périt ſous l'ongle du Vautour.
  Enfin, par un fatal retour,
  Son rival autour de la Poule
  S'en revint faire le coquet:
  Je laiſſe à penſer quel caquet,
  Car il eut des femmes en foule.

La fortune ſe plaît à faire de ces coups:

Tout vainqueur infolent à fa perte travaille.
Défions-nous du fort, & prenons garde à nous,
    Après le gain d'une bataille.

(*Fable CXXXVII.*)

L'INGRATITUDE ET L'INJUSTICE DES HOMMES ENVERS LA FORTUNE. Fable CXXXVIII.

J.B. Oudry inv.   J. Ouvrier sculp.

FABLE XIV.

L'INGRATITUDE ET L'INJUSTICE DES HOMMES
ENVERS LA FORTUNE.

Un trafiquant fur mer, par bonheur s'enrichit:
Il triompha des vents pendant plus d'un voyage.
Gouffre, banc, ni rocher, n'exigea de péage
D'aucun de fes ballots; le fort l'en affranchit.
Sur tous fes compagnons, Atropos & Neptune
Recueillirent leur droit, tandis que la Fortune
Prenoit foin d'amener fon marchand à bon port.
Facteurs, affociés, chacun lui fut fidele.
Il vendit fon tabac, fon fucre, fa canelle,
  Ce qu'il voulut, fa porcelaine encor.
Le luxe & la folie enflerent fon tréfor:
  Bref, il plut dans fon efcarcelle.
On ne parloit chez lui que par doubles ducats;
Et mon homme d'avoir chiens, chevaux & carroffes:
  Ses jours de jeûne étoient des noces.
Un fien ami, voyant ces fomptueux repas,
Lui dit: & d'où vient donc un fi bon ordinaire?
Et d'où me viendroit-il, que de mon fçavoir-faire?
Je n'en dois rien qu'à moi, qu'à mes foins, qu'au talent
De rifquer à propos, & bien placer l'argent.
Le profit lui femblant une fort douce chofe,
Il rifqua de nouveau le gain qu'il avoit fait:
Mais rien, pour cette fois, ne lui vint à fouhait.
  Son imprudence en fut la caufe.
Un vaiffeau mal freté périt au premier vent.
Un autre, mal pourvu des armes néceffaires,
  Fut enlevé par les corfaires.
  Un troifiéme, au port arrivant,
Rien n'eut cours ni débit. Le luxe & la folie

Tome III.   I

N'étoient plus tels qu'auparavant.

Enfin, ſes faƈteurs le trompant,

Et lui-même ayant fait grand fracas, chere lie,

Mis beaucoup en plaiſirs, en bâtimens beaucoup,

Il devint pauvre tout d'un coup.

Son ami le voyant en mauvais équipage,

Lui dit: d'où vient cela? De la Fortune, helas!

Conſolez-vous, dit l'autre; & s'il ne lui plaît pas

Que vous ſoyez heureux, tout au moins ſoyez ſage.

Je ne ſçais s'il crut ce conſeil:

Mais je ſçais que chacun impute, en cas pareil,

Son bonheur à ſon induſtrie:

Et ſi de quelque échec notre faute eſt ſuivie,

Nous diſons injures au ſort:

Choſe n'eſt ici plus commune.

Le bien, nous le faiſons: le mal, c'eſt la Fortune.

On a toujours raiſon; le deſtin toujours tort.

LES DEVINERESSES Fable CXXXIX.

J.B. Oudry inv.   P. Martenasie sculp.

FABLE XV.

LES DEVINERESSES.

C'eſt ſouvent du hazard que n'aît l'opinion ;
Et c'eſt l'opinion qui fait toujours la vogue.
 Je pourrois fonder ce prologue
Sur gens de tous états : tout eſt prévention,
Cabale, entêtement, point ou peu de juſtice.
C'eſt un torrent : qu'y faire ? il faut qu'il ait ſon cours,
 Cela fut & ſera toujours.

Une femme à Paris faiſoit la Pythoniſſe.
On l'alloit conſulter ſur chaque événement :
Perdoit-on un chiffon, avoit-on un amant,
Un mari vivant trop au gré de ſon épouſe,
Une mere fâcheuſe, une femme jalouſe,
 Chez la Devineuſe on couroit
Pour ſe faire annoncer ce que l'on déſiroit.
 Son fait conſiſtoit en adreſſe :
Quelques termes de l'art, beaucoup de hardieſſe,
Du hazard quelquefois, tout cela concouroit ;
Tout cela, bien ſouvent, faiſoit crier miracle.
Enfin, quoiqu'ignorante à vingt & trois carats,
 Elle paſſoit pour un oracle.
L'oracle étoit logé dedans un galetas.
 Là cette femme emplit ſa bourſe ;
 Et, ſans avoir d'autre reſſource,
Gagne de quoi donner un rang à ſon mari :
Elle achete un office, une maiſon auſſi.
 Voilà le galetas rempli
D'une nouvelle hôteſſe, à qui toute la ville
Femmes, filles, valets, gros meſſieurs, tout enfin
Alloit, comme autrefois, demander ſon deſtin :

Le galetas devint l'antre de la Sibylle.
L'autre femelle avoit achalandé ce lieu.
Cette derniere femme eut beau faire, eut beau dire,
Moi Devine! on fe moque: eh! meffieurs, fais-je lire?
Je n'ai jamais appris que ma croix de pardieu.
Point de raifon: fallut deviner & prédire,
   Mettre à part force bons ducats,
Et gagner, malgré foi, plus que deux Avocats.
Le meuble & l'équipage aidoient fort à la chofe:
Quatre fiéges boiteux, un manche de balai,
Tout fentoit fon fabbat, & fa métamorphofe.
   Quand cette femme auroit dit vrai
   Dans une chambre tapiffée,
On s'en feroit moqué: la vogue étoit paffée
  Au galetas, il avoit le crédit:
   L'autre femme fe morfondit.

   L'enfeigne fait la chalandife.
J'ai vu dans le palais une robe mal mife
   Gagner gros: les gens l'avoient prife
  Pour Maître tel, qui traînoit après foi
  Force écoutans: demandez-moi pourquoi.

(*Fable* cxxxix.)

LE CHAT, LA BELETTE ET LE PETIT LAPIN. Fable CXXXX.

J.B. Oudry inv.   N. Marvie sculp.

FABLE XVI.

LE CHAT, LA BELETTE, ET LE PETIT LAPIN.

Du palais d'un jeune Lapin
    Dame Belette, un beau matin,
    S'empara: c'eſt une ruſée.
Le maître étant abſent, ce lui fut choſe aiſée.
Elle porta chez lui ſes pénates un jour
Qu'il étoit allé faire à l'aurore ſa cour,
    Parmi le thym & la roſée.
Après qu'il eut brouté, trotté, fait tous ſes tours,
Janot Lapin retourne aux ſouterreins ſéjours.
La Belette avoit mis le nez à la fenêtre.
O dieux hoſpitaliers! que vois-je ici paroître?
Dit l'animal chaſſé du paternel logis:
    Holà, madame la Belette,
    Que l'on déloge ſans trompette,
Ou je vais avertir tous les rats du pays.
La dame au nez pointu répondit que la terre
    Étoit au premier occupant.
    C'étoit un beau ſujet de guerre
Qu'un logis où lui-même il n'entroit qu'en rampant:
    Et quand ce ſeroit un royaume,
Je voudrois bien ſçavoir, dit-elle, quelle loi
    En a pour toujours fait l'octroi
A Jean, fils ou neveu de Pierre ou de Guillaume,
    Plutôt qu'à Paul, plutôt qu'à moi.
Jean Lapin allégua la coutume & l'uſage.
Ce ſont, dit-il, leurs loix qui m'ont de ce logis
Rendu maître & ſeigneur; & qui, de pere en fils,
L'ont de Pierre à Simon, puis à moi, Jean, tranſmis.
Le premier occupant, eſt-ce une loi plus ſage?
    Or bien ſans crier davantage,
Tome III.   K

Rapportons-nous, dit-elle, à Raminagrobis.
C'étoit un Chat vivant comme un dévot hermite,
      Un Chat faifant la chatemite,
Un faint homme de Chat, bien fourré, gros & gras,
      Arbitre expert fur tous les cas.
      Jean Lapin pour juge l'agrée.
      Les voilà tous deux arrivés
      Devant fa majefté fourrée.
Grippeminaud leur dit: mes enfans, approchez,
Approchez: je fuis fourd, les ans en font la caufe.
L'un & l'autre approcha, ne craignant nulle chofe.
Auffi-tôt qu'à portée il vit les conteftans,
      Grippeminaud le bon apôtre,
Jettant des deux côtés la griffe en même temps,
Mit les plaideurs d'accord en croquant l'un & l'autre.

Ceci reffemble fort aux débats qu'ont par fois
Les petits fouverains fe rapportant aux rois.

(*Fable* CXL.)

LA TÊTE ET LA QUEUE DU SERPENT Fable CXLI

J. B. Oudry inv.   Chedel sculp.

FABLE XVII.

LA TÊTE ET LA QUEUE DU SERPENT.

Le Serpent a deux parties
Du genre humain ennemies,
Tête & queue; & toutes deux
Ont acquis un nom fameux
Auprès des parques cruelles;
Si bien qu'autrefois, entre elles,
Il survint de grands débats
Pour le pas.
La tête avoit toujours marché devant la queue :
La queue au ciel se plaignit,
Et lui dit :
Je fais mainte & mainte lieue,
Comme il plaît à celle-ci.
Croit-elle que toujours j'en veuille user ainsi?
Je suis son humble servante.
On m'a faite, Dieu merci,
Sa sœur, & non sa suivante.
Toutes deux de même sang,
Traitez-nous de même sorte :
Aussi-bien qu'elle, je porte
Un poison prompt & puissant.
Enfin, voilà ma requête :
C'est à vous de commander
Qu'on me laisse précéder,
A mon tour, ma sœur la tête.
Je la conduirai si bien,
Qu'on ne se plaindra de rien.
Le ciel eut pour ses vœux une bonté cruelle.
Souvent sa complaisance a de méchans effets.
Il devroit être sourd aux aveugles souhaits.

Il ne le fut pas lors : & la guide nouvelle,

      Qui ne voyoit au grand jour,

      Pas plus clair que dans un four,

      Donnoit tantôt contre un marbre,

      Contre un paſſant, contre un arbre :

Droit aux ondes du Styx elle mena ſa ſœur.

Malheureux les états tombés dans ſon erreur.

(*Fable CXLI.*)

FABLE XVIII.

UN ANIMAL

DANS LA LUNE.

FABLE XVIII.

Un Animal dans la Lune.

Pendant qu'un Philofophe affure,
Que toujours par leurs fens les hommes font dupés,
Un autre Philofophe jure
Qu'ils ne nous ont jamais trompés.
Tous les deux ont raifon; & la Philofophie
Dit vrai, quand elle dit, que les fens tromperont
Tant que fur leur rapport les hommes jugeront.
Mais auffi, fi l'on rectifie
L'image de l'objet fur fon éloignement,
Sur le milieu qui l'environne,
Sur l'organe & fur l'inftrument,
Les fens ne tromperont perfonne.
La nature ordonna ces chofes fagement:
J'en dirai quelque jour les raifons amplement.
J'apperçois le foleil: quelle en eft la figure?
Ici bas ce grand corps n'a que trois pieds de tour:
Mais fi je le voyois là-haut dans fon féjour,
Que feroit-ce à mes yeux que l'œil de la nature?
Sa diftance me fait juger de fa grandeur:
Sur l'angle & les côtés ma main la détermine.
L'ignorant le croit plat, j'épaiffis fa rondeur:
Je le rends immobile; & la terre chemine.
Bref, je déments mes yeux en toute fa machine.
Ce fens ne me nuit point par fon illufion.
Mon ame, en toute occafion,
Développe le vrai caché fous l'apparence.
Je ne fuis point d'intelligence
Avecque mes regards peut-être un peu trop prompts,
Ni mon oreille lente à m'apporter les fons.
Quand l'eau courbe un bâton, ma raifon le redreffe:

UN ANIMAL DANS LA LUNE. Fable CXLII.

La raifon décide en maîtreffe.

Mes yeux, moyennant ce fecours,

Ne me trompent jamais en me mentant toujours.

Si je crois leur rapport, erreur affez commune,

Une tête de femme eft au corps de la lune.

Y peut-elle être ? non. D'où vient donc cet objet ?

Quelques lieux inégaux font de loin cet effet.

La Lune nulle part n'a fa furface unie :

Montueufe en des lieux, en d'autres applanie,

L'ombre avec la lumiere y peut tracer fouvent

    Un homme, un bœuf, un éléphant.

Naguere l'Angleterre y vit chofe pareille.

La lunette placée, un animal nouveau

    Parut dans cet aftre fi beau ;

    Et chacun de crier merveille.

Il étoit arrivé là-haut un changement,

Qui préfageoit fans doute un grand événement.

Sçavoit-on fi la guerre entre tant de puiffances

N'en étoit point l'effet ? le Monarque accourut :

Il favorife en Roi ces hautes connoiffances.

Le monftre dans la Lune à fon tour lui parut.

C'étoit une Souris cachée entre les verres :

Dans la lunette étoit la fource de ces guerres.

On en rit : peuple heureux ! quand pourront les François

Se donner, comme vous, entiers à ces emplois ?

Mars nous fait recueillir d'amples moiffons de gloire :

C'eft à nos ennemis de craindre les combats,

A nous de les chercher, certains que la victoire,

Amante de Louis, fuivra par-tout fes pas.

Ses lauriers nous rendront célébres dans l'hiftoire.

    Même les Filles de mémoire

Ne nous ont point quittés : nous goûtons des plaifirs :

La paix fait nos fouhaits, & non point nos foupirs.

Charles en fçait jouir : il fçauroit dans la guerre

Signaler fa valeur, & mener l'Angleterre

A ces jeux qu'en repos elle voit aujourd'hui.
Cependant s'il pouvoit appaiſer la querelle,
Que d'encens! eſt-il rien de plus digne de lui?
La carriere d'Auguſte a-t-elle été moins belle
Que les fameux exploits du premier des Céſars?
O peuple trop heureux! quand la paix viendra-t-elle
Nous rendre comme vous tout entiers aux beaux arts.

Fin du ſeptieme Livre.

(Fable CXLII.)

LA MORT ET LE MOURANT. Fable. CXLIII.

J.B. Oudry inv. L. Le Mire sculp.

FABLES CHOISIES.

LIVRE HUITIEME.

FABLE I.

La Mort et le Mourant.

La Mort ne furprend point le fage :
Il eft toujours prêt à partir,
S'étant fçû lui-même avertir
Du temps où l'on fe doit réfoudre à ce paffage.
    Ce temps, hélas ! embraffe tous les temps :
Qu'on le partage en jours, en heures, en momens,
      Il n'en eft point qu'il ne comprenne
Dans le fatal tribut : tous font de fon domaine :
Et le premier inftant où les enfans des rois
      Ouvrent les yeux à la lumiére,
      Eft celui qui vient quelquefois,
      Fermer pour toujours leur paupiére.
      Défendez-vous par la grandeur,
Alléguez la beauté, la vertu, la jeuneffe,
      La Mort ravit tout fans pudeur.
Un jour le monde entier accroîtra fa richeffe.
      Il n'eft rien de moins ignoré ;
      Et, puifqu'il faut que je le die,
      Rien où l'on foit moins préparé.

Un Mourant qui comptoit plus de cent ans de vie,
Se plaignoit à la Mort que précipitamment
Elle le contraignoit de partir tout à l'heure,
      Sans qu'il eût fait fon teftament,
Sans l'avertir au moins. Eft-il jufte qu'on meure
Au pied levé ? dit-il : attendez quelque peu.

Tome III.   M

Ma femme ne veut pas que je parte fans elle :
Il me refte à pourvoir un arriere-neveu :
Souffrez qu'à mon logis j'ajoûte encore une aîle.
Que vous êtes preffante, ô Déeffe cruelle !
Vieillard, lui dit la Mort, je ne t'ai point furpris.
Tu te plains fans raifon de mon impatience.
Eh ! n'as-tu pas cent ans ? trouve-moi dans Paris
Deux mortels auffi vieux, trouve-m'en dix en France.
Je devois, ce dis-tu, te donner quelque avis
    Qui te difpofât à la chofe :
   J'aurois trouvé ton teftament tout fait,
Ton-petit fils pourvû, ton bâtiment parfait.
Ne te donna-t-on pas des avis, quand la caufe
    Du marcher & du mouvement,
    Quand les efprits, le fentiment,
Quand tout faillit en toi ? plus de goût, plus d'ouïe :
Toute chofe pour toi femble être évanouïe :
Pour toi l'aftre du jour prend des foins fuperflus :
Tu regrettes des biens qui ne te touchent plus.
    Je t'ai fait voir tes camarades,
    Ou morts, ou mourans, ou malades.
Qu'eft-ce que tout cela, qu'un avertiffement ?
    Allons, vieillard, & fans réplique :
    Il n'importe à la république
    Que tu faffes ton teftament.
La Mort avoit raifon : je voudrois qu'à cet âge
On fortît de la vie ainfi que d'un banquet,
Remerciant fon hôte ; & qu'on fît fon paquet :
Car de combien peut-on retarder le voyage ?
Tu murmures, vieillard : vois ces jeunes mourir,
    Vois-les marcher, vois-les courir
A des morts, il eft vrai, glorieufes & belles,
Mais fûres cependant, & quelquefois cruelles.
J'ai beau te le crier, mon zele eft indifcret :
Le plus femblable aux morts, meurt le plus à regret.
        (*Fable* CXLIII.)

LE SAVETIER ET LE FINANCIER. Fable CXLIV.

J.B. Oudry inv.
Chenu sculp.

FABLE II.

Le Savetier et le Financier.

Un Savetier chantoit du matin jufqu'au foir:
C'étoit merveille de le voir,
Merveille de l'ouïr: il faifoit des paffages,
Plus content qu'aucun des fept fages.
Son voifin, au contraire, étant tout coufu d'or,
Chantoit peu, dormoit moins encor.
C'étoit un homme de finance.
Si fur le point du jour par fois il fommeilloit,
Le Savetier alors en chantant l'éveilloit;
Et le Financier fe plaignoit
Que les foins de la Providence
N'euffent pas au marché fait vendre le dormir,
Comme le manger & le boire.
En fon hôtel il fait venir
Le chanteur, & lui dit: or, çà, fire Grégoire,
Que gagnez-vous par an? Par an? ma foi, monfieur,
Dit avec un ton de rieur
Le gaillard Savetier, ce n'eft point ma maniere
De compter de la forte; & je n'entaffe guere
Un jour fur l'autre: il fuffit qu'à la fin
J'attrappe le bout de l'année:
Chaque jour amene fon pain.
Et bien, que gagnez-vous, dites-moi, par journée?
Tantôt plus, tantôt moins: le mal eft que toujours,
(Et fans cela nos gains feroient affez honnêtes)
Le mal eft que dans l'an s'entremêlent des jours
Qu'il faut chommer: on nous ruine en Fêtes.
L'une fait tort à l'autre: & monfieur le Curé,
De quelque nouveau Saint charge toujours fon prône.
Le Financier riant de fa naïveté,

Lui dit: je vous veux mettre aujourd'hui fur le trône.
Prenez ces cent écus: gardez-les avec foin,
   Pour vous en fervir au befoin.
Le Savetier crut voir tout l'argent que la terre
   Avoit, depuis plus de cent ans,
   Produit pour l'ufage des gens.
Il retourne chez lui: dans fa cave il enferre
   L'argent & fa joie à la fois.
   Plus de chant: il perdit la voix
Du moment qu'il gagna ce qui caufe nos peines.
   Le fommeil quitta fon logis,
   Il eut pour hôtes les foucis,
   Les foupçons, les alarmes vaines.
Tout le jour il avoit l'œil au guet: & la nuit,
   Si quelque chat faifoit du bruit;
Le chat prenoit l'argent. A la fin le pauvre homme
S'en courut chez celui qu'il ne réveilloit plus.
Rendez-moi, lui dit-il, mes chanfons & mon fomme,
   Et reprenez vos cent écus.

(*Fable* CXLIV.)

LE LION, LE LOUP ET LE RENARD. Fable CXLV.

FABLE III.

LE LION, LE LOUP ET LE RENARD.

Un Lion décrépit, goutteux, n'en pouvant plus,
Vouloit que l'on trouvât remede à la vieilleffe :
Alléguer l'impoffible aux rois, c'eft un abus.
      Celui-ci parmi chaque efpéce,
Manda des Médecins : il en eft de tous arts.
Médecins au Lion viennent de toutes parts :
De tous côtés lui vient des donneurs de recettes.
      Dans les vifites qui font faites,
Le Renard fe difpenfe, & fe tient clos & coi.
Le Loup en fait fa cour, daube au coucher du roi
Son camarade abfent. Le prince tout à l'heure
Veut qu'on aille enfumer Renard dans fa demeure,
Qu'on le faffe venir. Il vient, eft préfenté ;
Et fçachant que le Loup lui faifoit cette affaire :
Je crains, fire, dit-il, qu'un rapport peu fincere
      Ne m'ait, à mépris, imputé
      D'avoir différé cet hommage :
      Mais j'étois en pélerinage,
Et m'acquittois d'un vœu fait pour votre fanté.
      Même j'ai vû dans mon voyage
Gens experts & fçavans ; leur ai dit la langueur
Dont votre majefté craint, à bon droit, la fuite.
      Vous ne manquez que de chaleur ;
      Le long âge en vous l'a détruite.
D'un Loup écorché vif appliquez-vous la peau
      Toute chaude & toute fumante :
      Le fecret fans doute en eft beau
      Pour la nature défaillante.
      Meffire Loup vous fervira,
      S'il vous plaît, de robe de chambre :

Tome III.   N

Le Roi goûte cet avis-là :
On écorche, on taille, on démembre
Meſſire Loup. Le Monarque en ſoupa,
Et de ſa peau s'enveloppa.

Meſſieurs les courtiſans, ceſſez de vous détruire :
Faites, ſi vous pouvez, votre cour ſans vous nuire.
Le mal ſe rend chez vous au quadruple du bien.
Les daubeurs ont leur tour, d'une ou d'autre maniére :
Vous êtes dans une carriére
Où l'on ne ſe pardonne rien.

(*Fable* CXLV.)

FABLE IV.

LE POUVOIR

DES FABLES.

FABLE IV.

LE POUVOIR DES FABLES.

A MONSIEUR DE BARILLON.

La qualité d'Ambaſſadeur
Peut-elle s'abaiſſer à des contes vulgaires?
Vous puis-je offrir mes vers & leurs graces légeres?
S'ils oſent quelquefois prendre un air de grandeur,
Seront-ils point traités par vous de téméraires?
 .Vous avez bien d'autres affaires
 A démêler que les débats
 Du Lapin & de la Belette.
 Liſez-les, ne les liſez pas:
 Mais empêchez qu'on ne nous mette
 Toute l'Europe ſur les bras.
 Que de mille endroits de la terre
 Il nous vienne des ennemis,
 J'y conſens: mais que l'Angleterre
Veuille que nos deux Rois ſe laſſent d'être amis,
 J'ai peine à digérer la choſe.
N'eſt-il pas encor temps que Louis ſe repoſe?
Quel autre Hercule enfin ne ſe trouveroit las
De combatre cette Hydre? & faut-il qu'elle oppoſe
Une nouvelle tête aux efforts de ſon bras?
 Si votre eſprit plein de ſoupleſſe,
 Par éloquence & par adreſſe,
Peut adoucir les cœurs, & détourner ce coup,
Je vous ſacrifierai cent moutons: c'eſt beaucoup
 Pour un habitant du Parnaſſe.
 Cependant faites-moi la grace
 De prendre en don ce peu d'encens.
 Prenez en gré mes vœux ardens,
Et le récit en vers qu'ici je vous dédie.

LE POUVOIR DES FABLES. À M. DE BARILLON . Fable CXLVI.

Son fujet vous convient: je n'en dirai pas plus.
  Sur les éloges que l'envie
  Doit avouer qui vous font dûs,
  Vous ne voulez pas qu'on appuie.

Dans Athene autrefois, peuple vain & léger,
Un Orateur voyant fa patrie en danger,
Courut à la tribune; & d'un art tyrannique,
Voulant forcer les cœurs dans une république,
Il parla fortement fur le commun falut.
On ne l'écoutoit pas: l'Orateur recourut
  A ces figures violentes
Qui fçavent exciter les ames les plus lentes.
Il fit parler les morts, tonna, dit ce qu'il put.
Le vent emporta tout; perfonne ne s'émut.
  L'animal aux têtes frivoles
Etant fait à ces traits, ne daignoit l'écouter.
Tous regardoient ailleurs: il en vit s'arrêter
A des combats d'enfans, & point à fes paroles.
Que fit le harangueur? il prit un autre tour.
Cérès, commença-t-il, faifoit voyage un jour
  Avec l'Anguille & l'Hirondelle:
Un fleuve les arrête; & l'Anguille en nageant,
  Comme l'Hirondelle en volant,
Le traverfa bientôt. L'affemblée à l'inftant
Cria tout d'une voix: & Cérès, que fit-elle?
  Ce qu'elle fit? un prompt courroux
  L'anima d'abord contre vous.
Quoi! de contes d'enfans fon peuple s'embarraffe!
  Et du péril qui le menace,
Lui feul, entre les Grecs, il néglige l'effet!
Que ne demandez-vous ce que Philippe fait?
  A ce reproche l'affemblée
  Par l'Apologue réveillée
  Se donne entiere à l'Orateur:
Tome III.   O

Un trait de Fable en eut l'honneur.

Nous fommes tous d'Athene en ce point; & moi-même,
Au moment que je fais cette moralité,
  Si peau-d'âne m'étoit conté,
  J'y prendrois un plaifir extrême.
Le monde eft vieux, dit-on, je le crois: cependant
Il le faut amufer encor comme un enfant.

(Fable CXLVI.)

FABLE V.

L'HOMME

ET

LA PUCE.

FABLE V.

L'Homme et la Puce.

Par des vœux importuns nous fatiguons les dieux,
Souvent pour des fujets, même indignes des hommes.
Il femble que le ciel, fur tous tant que nous fommes,
Soit obligé d'avoir inceffamment les yeux;
Et que le plus petit de la race mortelle,
A chaque pas qu'il fait, à chaque bagatelle,
Doive intriguer l'Olympe & tous fes citoyens,
Comme s'il s'agiffoit des Grecs & des Troyens.

Un Sot par une Puce eut l'épaule mordue,
Dans les plis de fes draps elle alla fe loger.
Hercule, fe dit-il, tu devois bien purger
La terre de cette hydre au printemps revenue.
Que fais-tu, Jupiter, que du haut de la nue
Tu n'en perdes la race, afin de me venger?
Pour tuer une Puce il vouloit obliger
Ces dieux à lui prêter leur foudre & leur maffue.

(Fable CXLVII.)

L'HOMME ET LA PUCE. Fable CXLVII

LES FEMMES ET LE SECRET , Fable CXLVIII.

J.B. Oudry inv.

P. F. Motte Sculp.

FABLE VI.

LES FEMMES ET LE SECRET.

Rien ne pefe tant qu'un fecret:
Le porter loin eft difficile aux dames;
Et je fçais même fur ce fait
Bon nombre d'hommes qui font femmes.
Pour éprouver la fienne un mari s'écria
La nuit étant près d'elle: ô Dieux! qu'eft-ce cela?
Je n'en puis plus, on me déchire:
Quoi! j'accouche d'un œuf! d'un œuf? oui, le voilà
Frais & nouveau pondu: gardez bien de le dire,
On m'appelleroit poule. Enfin n'en parlez pas.
La Femme neuve fur ce cas,
Ainfi que fur mainte autre affaire,
Crut la chofe, & promit fes grands dieux de fe taire.
Mais ce ferment s'évanouit
Avec les ombres de la nuit.
L'époufe indifcrete & peu fine,
Sort du lit quand le jour fut à peine levé;
Et de courir chez fa voifine.
Ma commere, dit-elle, un cas eft arrivé:
N'en dites rien fur-tout, car vous me feriez battre.
Mon mari vient de pondre un œuf gros comme quatre.
Au nom de Dieu, gardez-vous bien
D'aller publier ce myftere.
Vous moquez-vous? dit l'autre: ah! vous ne fçavez guere
Quelle je fuis. Allez, ne craignez rien.
La Femme du pondeur s'en retourne chez elle.
L'autre grille déja de conter la nouvelle:
Elle va la répandre en plus de dix endroits.
Au lieu d'un œuf elle en dit trois.
Ce n'eft pas encor tout, car une autre commere

Tome III.   P

En dit quatre; & raconte à l'oreille le fait :
   Précaution peu néceffaire,
   Car ce n'étoit plus un fecret.
Comme le nombre d'œufs, grace à la renommée,
   De bouche en bouche alloit croiffant,
   Avant la fin de la journée,
   Ils fe montoient à plus d'un cent.

(*Fable CXLVIII.*)

LE CHIEN QUI PORTE A SON COU LE DÎNÉ DE SON MAITRE. Fable CXLIX.

J.B.Oudry inv.   M.Marvie sculp

FABLE VII.

LE CHIEN QUI PORTE A SON COU LE DÎNER DE SON MAÎTRE.

Nous n'avons pas les yeux à l'épreuve des belles,
    Ni les mains à celle de l'or:
    Peu de gens gardent un tréfor
    Avec des foins affez fideles.

Certain Chien qui portoit la pitance au logis,
S'étoit fait un collier du dîner de fon Maître.
Il étoit tempérant plus qu'il n'eût voulu l'être,
    Quand il voyoit un mets exquis:
Mais enfin il l'étoit; & tous tant que nous fommes,
Nous nous laiffons tenter à l'approche des biens.
Chofe étrange! on apprend la tempérance aux Chiens,
    Et l'on ne peut l'apprendre aux hommes.
Ce Chien-ci donc étant de la forte atourné,
Un mâtin paffe, & veut lui prendre le dîné.
    Il n'en eut pas toute la joie
Qu'il efpéroit d'abord: le Chien mit bas la proie,
Pour la défendre mieux, n'en étant plus chargé.
    Grand combat: d'autres chiens arrivent.
    Ils étoient de ceux-là qui vivent
    Sur le public, & craignent peu les coups.
Notre Chien fe voyant trop foible contre eux tous,
Et que la chair couroit un danger manifefte,
Voulut avoir fa part; & lui fage, il leur dit:
Point de courroux, meffieurs, mon lopin me fuffit;
    Faites votre profit du refte.
A ces mots, le premier, il vous hape un morceau,
Et chacun de tirer, le mâtin, la canaille,
    A qui mieux mieux; ils firent tous ripaille:

Chacun d'eux eut part au gâteau.

Je crois voir en ceci l'image d'une ville,
Où l'on met les deniers à la merci des gens.
    Echevins, Prévôt des marchands,
    Tout fait fa main: le plus habile
Donne aux autres l'exemple; & c'eft un paffe-temps
De leur voir nettoyer un monceau de piftoles.
Si quelque fcrupuleux, par des raifons frivoles,
Veut défendre l'argent, & dit le moindre mot,
    On lui fait voir qu'il eft un fot.
    Il n'a pas de peine à fe rendre:
    C'eft bien-tôt le premier à prendre.

(Fable CXLIX.)

LE RIEUR ET LES POISSONS . Fable CL :

J.B. Oudry inv.

P.F. Tardieu sculp.

FABLE VIII.

Le Rieur et les Poissons.

On cherche les Rieurs; & moi je les évite.
Cet art veut fur tout autre un fuprême mérite.
    Dieu ne créa que pour les fots
    Les méchans difeurs de bons mots.
    J'en vais, peut-être, en une Fable
    Introduire un: peut-être auffi
Que quelqu'un trouvera que j'aurai réuffi.

    Un Rieur étoit à la table
    D'un Financier; & n'avoit en fon coin
Que de petits poiffons; tous les gros étoient loin.
Il prend donc les menus, puis leur parle à l'oreille;
    Et puis il feint, à la pareille,
D'écouter leur réponfe. On demeura furpris:
    Cela fufpendit les efprits.
    Le Rieur alors, d'un ton fage,
    Dit, qu'il craignoit qu'un fien ami
    Pour les grandes Indes parti,
    N'eût depuis un an fait naufrage.
Il s'en informoit donc à ce menu fretin:
Mais tous lui répondoient, qu'ils n'étoient point d'un âge
    A fçavoir au vrai fon deftin:
    Les gros en fçauroient davantage.
N'en puis-je donc, Meffieurs, un gros interroger?
    De dire fi la compagnie
    Prit goût à fa plaifanterie,
J'en doute: mais enfin il les fçut engager
A lui fervir d'un monftre affez vieux pour lui dire
Tous les noms de chercheurs de mondes inconnus,

Tome III.   Q

Qui n'en étoient pas revenus,
Et que depuis cent ans, fous l'abyfme avoient vûs
Les anciens du vafte empire.

(*Fable* CL.)

LE RAT ET L'HUITRE . Fable CLI.

J.B. Oudry inv.   Chedel sculp.

FABLE IX.

LE RAT ET L'HUÎTRE.

Un Rat, hôte d'un champ, Rat de peu de cervelle,
Des lares paternels un jour fe trouva fou.
Il laiffe-là le champ, le grain & la javelle,
Va courir le pays, abandonne fon trou.
  Si-tôt qu'il fut hors de la cafe,
Que le monde, dit-il, eft grand & fpacieux !
Voilà les appennins, & voici le caucafe :
La moindre taupinée étoit mont à fes yeux.
Au bout de quelques jours le voyageur arrive
En un certain canton, où Thétis fur la rive
Avoit laiffé mainte Huître ; & notre Rat d'abord
Crut voir, en les voyant, des vaiffeaux de haut bord.
Certes, dit-il, mon pere étoit un pauvre fire :
Il n'ofoit voyager, craintif au dernier point :
Pour moi, j'ai déja vû le maritime empire :
J'ai paffé les déferts, mais nous n'y bûmes point.
D'un certain magifter le Rat tenoit ces chofes,
  Et les difoit à travers champs ;
N'étant pas de ces Rats, qui, les livres rongeans,
  Se font fçavans jufques aux dents.
  Parmi tant d'Huîtres toutes clofes,
Une s'étoit ouverte, & bâillant au Soleil,
  Par un doux Zéphir réjouie,
Humoit l'air, refpiroit, étoit épanouie,
Blanche, graffe, & d'un goût à la voir nompareil.
D'auffi loin que le Rat voit cette Huître qui bâille,
Qu'apperçois-je ? dit-il, c'eft quelque victuaille ;
Et, fi je ne me trompe à la couleur du mets,
Je dois faire aujourd'hui bonne chere, ou jamais.
Là-deffus maître Rat, plein de belle efpérance,

Approche de l'écaille, alonge un peu le cou,
Se fent pris comme aux lacs, car l'Huître tout d'un coup
Se referme; & voilà ce que fait l'ignorance.

Cette Fable contient plus d'un enfeignement.
Nous y voyons premiérement,
Que ceux qui n'ont du monde aucune expérience,
Sont au moindres objets frappés d'étonnement;
Et puis nous y pouvons apprendre
Que tel eft pris qui croyoit prendre.

(*Fable CLI.*)

L'OURS ET L'AMATEUR DES JARDINS . Fable CLII.

FABLE X.

L'Ours et l'Amateur des Jardins.

Certain Ours montagnard, Ours à demi léché,
Confiné par le fort dans un bois folitaire,
Nouveau Bellerophon, vivoit feul & caché :
Il fut devenu fou : la raifon d'ordinaire
N'habite pas long-temps chez les gens fequeftrés :
Il eft bon de parler, & meilleur de fe taire,
Mais tous deux font mauvais alors qu'ils font outrés.
    Nul animal n'avoit affaire
    Dans les lieux que l'Ours habitoit ;
    Si bien, que tout Ours qu'il étoit,
Il vint à s'ennuyer de cette trifte vie.
Pendant qu'il fe livroit à la mélancolie,
    Non loin de là certain Vieillard
    S'ennuyoit auffi de fa part.
Il aimoit les jardins, étoit Prêtre de Flore,
    Il l'étoit de Pomone encore :
Ces deux emplois font beaux : mais je voudrois parmi,
    Quelque doux & difcret ami.
Les jardins parlent peu, fi ce n'eft dans mon livre :
    De façon que laffé de vivre
Avec des gens muets, notre homme un beau matin
Va chercher compagnie, & fe met en campagne.
    L'Ours porté d'un même deffein,
    Venoit de quitter fa montagne :
    Tous deux, par un cas furprenant,
    Se rencontrent en un tournant.
L'Homme eut peur : mais comment efquiver, & que faire ?
Se tirer en gafcon d'une femblable affaire
Eft le mieux : il fçut donc diffimuler fa peur.
    L'Ours, très-mauvais complimenteur,

Tome III.   R

Lui dit: viens-t-en me voir. L'autre reprit, Seigneur,
Vous voyez mon logis; ſi vous vouliez me faire
Tant d'honneur que d'y prendre un champêtre repas,
J'ai des fruits, j'ai du lait. Ce n'eſt peut-être pas
De noſſeigneurs les Ours le manger ordinaire,
Mais j'offre ce que j'ai. L'Ours l'accepte; & d'aller.
Les voilà bons amis avant que d'arriver.
Arrivés, les voilà, ſe trouvant bien enſemble,
   Et bien qu'on ſoit, à ce qu'il ſemble,
   Beaucoup mieux ſeul qu'avec des ſots.
Comme l'Ours en un jour ne diſoit pas deux mots,
L'Homme pouvoit ſans bruit vaquer à ſon ouvrage.
L'Ours alloit à la chaſſe, apportoit du gibier,
   Faiſoit ſon principal métier
D'être bon émoucheur, écartoit du viſage
De ſon ami dormant, ce paraſite aîlé
   Que nous avons mouche appellé.
Un jour que le Vieillard dormoit d'un profond ſomme,
Sur le bout de ſon nez une allant ſe placer,
Mit l'Ours au déſeſpoir, il eut beau la chaſſer.
Je t'attraperai bien, dit-il. Et voici comme.
Auſſi-tôt fait que dit; le fidele émoucheur
Vous empoigne un pavé, le lance avec roideur,
Caſſe la tête à l'homme en écraſant la mouche,
Et non moins bon archer que mauvais raiſonneur,
Roide mort étendu ſur la place il le couche.

Rien n'eſt ſi dangereux qu'un ignorant ami:
   Mieux vaudroit un ſage ennemi.

(*Fable* CLII.)

LES DEUX AMIS, Fable CLIII.

FABLE XI.

LES DEUX AMIS.

Deux vrais Amis vivoient au Monomotapa;
L'un ne poffédoit rien qui n'appartînt à l'autre:
  Les Amis de ce pays-là
   Valent bien, dit-on, ceux du nôtre.
Une nuit que chacun s'occupoit au fommeil,
Et mettoit à profit l'abfence du foleil,
Un de nos deux Amis fort du lit en alarme:
Il court chez fon intime, éveille les valets:
Morphée avoit touché le feuil de ce palais.
L'Ami couché s'étonne, il prend fa bourfe, il s'arme,
Vient trouver l'autre, & dit: il vous arrive peu
De courir quand on dort: vous me paroiffiez homme
A mieux ufer du temps deftiné pour le fomme:
N'auriez-vous point perdu tout votre argent au jeu?
En voici: s'il vous eft venu quelque querelle,
J'ai mon épée, allons. Vous ennuyez-vous point
De coucher toujours feul? une efclave affez belle
Etoit à mes côtés, voulez-vous qu'on l'appelle?
Non, dit l'ami, ce n'eft ni l'un ni l'autre point:
  Je vous rends grace de ce zele.
Vous m'êtes, en dormant, un peu trifte apparu:
J'ai craint qu'il ne fût vrai, je fuis vîte accouru.
  Ce maudit fonge en eft la caufe.

Qui d'eux aimoit le mieux, que t'en femble, Lecteur?
Cette difficulté vaut bien qu'on la propofe.
Qu'un ami véritable eft une douce chofe!
Il cherche vos befoins au fond de votre cœur:
  Il vous épargne la pudeur

De les lui découvrir vous-même.
Un fonge, un rien, tout lui fait peur
Quand il s'agit de ce qu'il aime.

(*Fable* CLIII.)

LE COCHON, LA CHEVRE ET LE MOUTON. Fable CLIV.

J. B. Oudry inv.   Réland sculp.

FABLE XII.

Le Cochon, la Chevre et le Mouton.

Une Chevre, un Mouton, avec un Cochon gras,
Montés fur même char, s'en alloient à la foire:
Leur divertiffement ne les y portoit pas;
On s'en alloit les vendre, à ce que dit l'hiftoire:
  Le Charton n'avoit pas deffein
  De les mener voir Tabarin.
  Dom Pourceau crioit en chemin,
Comme s'il avoit eu cent bouchers à fes trouffes:
C'étoit une clameur à rendre les gens fourds.
Les autres animaux, créatures plus douces,
Bonnes gens, s'étonnoient qu'il criât au fecours:
  Ils ne voyoient nul mal à craindre.
Le Charton dit au Porc: qu'as-tu tant à te plaindre?
Tu nous étourdis tous, que ne te tiens-tu coi?
Ces deux perfonnes-ci, plus honnêtes que toi,
Devroient t'apprendre à vivre, ou du moins à te taire.
Regarde ce Mouton, a-t-il dit un feul mot?
  Il eft fage. Il eft un fot,
Repartit le Cochon: s'il fçavoit fon affaire,
Il crieroit comme moi du haut de fon gofier;
  Et cette autre perfonne honnête
  Crieroit tout du haut de fa tête.
Ils penfent qu'on les veut feulement décharger,
La Chevre de fon lait, le Mouton de fa laine.
  Je ne fçais pas s'ils ont raifon,
  Mais quant à moi qui ne fuis bon
  Qu'à manger, ma mort eft certaine:
  Adieu mon toit & ma maifon.
Dom Pourceau raifonnoit en fubtil perfonnage:

Tome III.   S

Mais que lui fervoit-il? Quand le mal eft certain,
La plainte ni la peur ne changent le deftin;
Et le moins prévoyant eft toujours le plus fage.

(Fable CLIV.)

TIRCIS ET AMARANTE . POUR M.^{ELLE}. DE SILLERY . Fable CLV .

J. B. Oudry inv.

Louis le Mire Sculp.

FABLE XIII.

TIRCIS ET AMARANTE.

POUR MADEMOISELLE DE SILLERY.

J'avois Éfope quitté,
Pour être tout à Bocace :
Mais une divinité
Veut revoir fur le parnaffe
Des fables de ma façon.
Or d'aller lui dire non,
Sans quelque valable excufe,
Ce n'eft pas comme on en ufe
Avec des divinités ;
Sur-tout quand ce font de celles
Que la qualité de belles
Fait reines des volontés.
Car afin que l'on le fçache,
C'eft Sillery qui s'attache
A vouloir que de nouveau,
Sire Loup, fire Corbeau
Chez moi fe parlent en rime.
Qui dit Sillery, dit tout :
Peu de gens en leur eftime
Lui refufent le haut bout :
Comment le pourroit-on faire ?
Pour venir à notre affaire,
Mes contes, à fon avis,
Sont obfcurs. Les beaux efprits
N'entendent pas toute chofe :
Faifons donc quelques récits
Qu'elle déchiffre fans glofe.
Amenons des bergers, & puis nous rimerons
Ce que difent entr'eux les loups & les moutons.

Tircis diſoit un jour à la jeune Amarante,
Ah! ſi vous connoiſſiez comme moi certain mal,
      Qui nous plaît & qui nous enchante!
Il n'eſt bien ſous le ciel qui vous parût égal:
      Souffrez qu'on vous le communique.
      Croyez-moi, n'ayez point de peur:
Voudrois-je vous tromper, vous pour qui je me pique
Des plus doux ſentimens que puiſſe avoir un cœur?
      Amarante auſſi-tôt réplique:
Comment l'appellez-vous, ce mal? quel eſt ſon nom?
L'Amour. Ce mot eſt beau: dites-moi quelques marques
A quoi je le pourrai connoître; que ſent-on?
Des peines près de qui le plaiſir des monarques
Eſt ennuyeux & fade: on s'oublie, on ſe plaît
      Toute ſeule en une forêt.
      Se mire-t-on près d'un rivage?
Ce n'eſt pas ſoi qu'on voit, on ne voit qu'une image
Qui ſans ceſſe revient, & qui ſuit en tous lieux:
      Pour tout le reſte on eſt ſans yeux.
      Il eſt un berger du village
Dont l'abord, dont la voix, dont le nom fait rougir:
      On ſoupire à ſon ſouvenir:
On ne ſçait pas pourquoi, cependant on ſoupire:
On a peur de le voir encor qu'on le deſire.
      Amarante dit à l'inſtant,
Oh! oh! c'eſt là ce mal que vous me prêchez tant?
Il ne m'eſt pas nouveau; je penſe le connoître.
      Tircis à ſon but croyoit être,
Quand la Belle ajoûta: voilà tout juſtement
      Ce que je ſens pour Clidamant.
L'autre penſa mourir de dépit & de honte.

      Il eſt force gens comme lui,
Qui prétendent n'agir que pour leur propre compte,
      Et qui font le marché d'autrui.

                         (*Fable* CLV.)

LES OBSÈQUES DE LA LIONNE. Fable CLVI.

FABLE XIV.

LES OBSEQUES DE LA LIONNE.

La femme du Lion mourut:
Aussi-tôt chacun accourut
Pour s'acquitter envers le Prince
De certains complimens de consolation,
Qui font surcroît d'affliction.
Il fit avertir sa province
Que les obseques se feroient
Un tel jour, en tel lieu: ses prévôts y seroient
Pour régler la cérémonie,
Et pour placer la compagnie.
Jugez si chacun s'y trouva.
Le Prince aux cris s'abandonna,
Et tout son antre en résonna.
Les Lions n'ont point d'autre temple.
On entendit, à son exemple,
Rugir en leur patois messieurs les courtisans.

Je définis la cour un pays où les gens
Tristes, gais, prêts à tout, à tout indifférens,
Sont ce qu'il plaît au prince; ou s'ils ne peuvent l'être,
Tâchent au moins de le paroître:
Peuple caméleon, peuple singe du maître,
On diroit qu'un esprit anime mille corps:
C'est bien là que les gens sont de simples ressorts.

Pour revenir à notre affaire,
Le Cerf ne pleura point; comment l'eût-il pu faire?
Cette mort le vengeoit: la Reine avoit jadis
Etranglé sa femme & son fils.
Bref, il ne pleura point. Un flatteur l'alla dire,

Tome III.   T

Et foutint qu'il l'avoit vû rire.
La colere du roi, comme dit Salomon,
Eſt terrible, & ſur-tout celle du roi Lion:
Mais ce Cerf n'avoit point accoutumé de lire. .
Le monarque lui dit: chétif hôte des bois,
Tu ris, tu ne ſuis pas ces gémiſſantes voix.
Nous n'appliquerons point ſur tes membres prophanes
    Nos ſacrés ongles: venez, Loups,
    Vengez la reine; immolez tous
    Ce traître à ſes auguſtes mânes.
Le Cerf reprit alors: ſire, le temps des pleurs
Eſt paſſé: la douleur eſt ici ſuperflue.
Votre digne moitié, couchée entre les fleurs,
    Tout près d'ici m'eſt apparue,
    Et je l'ai d'abord reconnue.
Ami, m'a-t-elle dit, garde que ce convoi,
Quand je vais chez les dieux, ne t'oblige à des larmes.
Aux champs élyſiens j'ai goûté mille charmes,
Converſant avec ceux qui ſont ſaints comme moi.
Laiſſe agir quelque temps le déſeſpoir du roi:
J'y prends plaiſir. A peine on eut oüi la choſe,
Qu'on ſe mit à crier, miracle, apothéoſe!
Le Cerf eut un préſent, bien loin d'être puni.

    Amuſez les Rois par des ſonges,
Flattez-les, payez-les d'agréables menſonges,
Quelque indignation dont leur cœur ſoit rempli,
Ils goberont l'appât, vous ſerez leur ami.

(*Fable* CLVI.)

LE RAT ET L'ELEPHANT. Fable CLVII.

FABLE XV.

Le Rat et l'Éléphant.

Se croire un perfonnage, eft fort commun en France:
    On y fait l'homme d'importance,
    Et l'on n'eft fouvent qu'un bourgeois:
    C'eft proprement le mal françois.
La fotte vanité nous eft particuliere.
Les Efpagnols font vains, mais d'une autre maniere:
    Leur orgueil me femble, en un mot,
    Beaucoup plus fou, mais pas fi fot:
    Donnons quelque image du nôtre,
    Qui fans doute en vaut bien un autre.

Un Rat des plus petits voyoit un Éléphant
Des plus gros, & railloit le marcher un peu lent
    De la bête de haut parage,
    Qui marchoit à gros équipage.
    Sur l'animal à triple étage,
    Une Sultane de renom,
    Son chien, fon chat & fa guenon,
Son perroquet, fa vieille, & toute fa maifon,
    S'en alloit en pélerinage.
    Le Rat s'étonnoit que les gens
Fuffent touchés de voir cette pefante maffe:
Comme fi d'occuper ou plus ou moins de place,
Nous rendoit, difoit-il, plus ou moins importans.
Mais qu'admirez-vous tant en lui, vous autres hommes?
Seroit-ce ce grand corps qui fait peur aux enfans?
Nous ne nous prifons pas, tout petits que nous fommes,
    D'un grain moins que les Éléphans.
    Il en auroit dit davantage;

Mais le Chat fortant de fa cage,
Lui fit voir en moins d'un inftant,
Qu'un Rat n'eft pas un Éléphant.

(*Fable* CL*VII*.)

FABLE XVI.

L'HOROSCOPE.

FABLE XVI.

L'HOROSCOPE.

On rencontre fa deſtinée
Souvent par des chemins qu'on prend pour l'éviter.

Un pere eut pour toute lignée
Un fils qu'il aima trop, juſques à conſulter
Sur le fort de fa géniture,
Les diſeurs de bonne aventure.
Un de ces gens lui dit, que des lions ſur-tout
Il éloignât l'enfant juſques à certain âge,
Juſqu'à vingt ans, point davantage.
Le pere, pour venir à bout   ·
D'une précaution ſur qui rouloit la vie
De celui qu'il aimoit, défendit que jamais
On lui laiſſât paſſer le feuil de ſon palais.
Il pouvoit, ſans ſortir, contenter ſon envie;
Avec ſes compagnons tout le jour badiner,
Sauter, courir, ſe promener.
Quand il fut en l'âge où la chaſſe
Plaît le plus aux jeunes eſprits,
Cet exercice avec mépris
Lui fut dépeint : mais quoi qu'on faſſe,
Propos, conſeil, enſeignement,
Rien ne change un tempérament.
Le jeune homme inquiet, ardent, plein de courage,
A peine ſe ſentit des bouillons d'un tel âge,
Qu'il ſoupira pour ce plaiſir.
Plus l'obſtacle étoit grand, plus fort fut le deſir.
Il ſçavoit le ſujet des fatales défenſes;
Et comme ce logis, plein de magnificences,
Abondoit par-tout en tableaux,

L'HOROSCOPE. Fable CLVIII.

J.B. Oudry inv. J.C. Teucher sculp.

Et que la laine & les pinceaux
Traçoient de tous côtés chaffes & payfages,
En cet endroit des animaux,
En cet autre des perfonnages,
Le jeune homme s'émeut voyant peint un lion.
Ah, monftre! cria-t-il, c'eft toi qui me fais vivre
Dans l'ombre & dans les fers! A ces mots il fe livre
Aux tranfports violents de l'indignation,
Porte le poing fur l'innocente bête.
Sous la tapifferie un clou fe rencontra:
Ce clou le bleffe, il pénétra
Jufqu'aux refforts de l'ame; & cette chere tête,
Pour qui l'art d'Efculape en vain fit ce qu'il put,
Dut fa perte à ces foins qu'on prit pour fon falut.
Même précaution nuifit au poëte Æfchile.
Quelque devin le menaça, dit-on,
De la chûte d'une maifon.
Auffi-tôt il quitta la ville,
Mit fon lit en plein champ, loin des toits, fous les cieux.
Un aigle qui portoit en l'air une tortue,
Paffa par-là, vit l'homme, & fur fa tête nue,
Qui parut un morceau de rocher à fes yeux,
Etant de cheveux dépourvûe,
Laiffa tomber fa proie afin de la caffer:
Le pauvre Æfchile ainfi fçut fes jours avancer.

De ces exemples il réfulte,
Que cet art, s'il eft vrai, fait tomber dans les maux
Que craint celui qui le confulte;
Mais je l'en juftifie, & maintiens qu'il eft faux.
Je ne crois point que la nature
Se foit lié les mains, & nous les lie encor,
Jufqu'au point de marquer dans les cieux notre fort.
Il dépend d'une conjonçture
De lieux, de perfonnes, de temps,

Non des conjonctions de tous ces charlatans.
Ce berger & ce roi font fous même planette;
L'un d'eux porte le fceptre & l'autre la houlette:
      Jupiter le vouloit ainfi.
Qu'eft-ce que Jupiter? un corps fans connoiffance.
      D'où vient donc que fon influence
Agit différemment fur ces deux hommes-ci?
Puis comment pénétrer jufques à notre monde?
Comment percer des airs la campagne profonde?
Percer Mars, le Soleil, & des vuides fans fin?
Un atome la peut détourner en chemin:
Où l'iront retrouver les faifeurs d'horofcope?
      L'état où nous voyons l'Europe,
Mérite que du moins quelqu'un d'eux l'ait prévû:
Que ne l'a-t-il donc dit? mais nul d'eux ne l'a fçû.
L'immenfe éloignement, le point & fa vîteffe,
      Celle auffi de nos paffions,
      Permettent-ils à leur foibleffe
De fuivre pas à pas toutes nos actions?
Notre fort en dépend: fa courfe entrefuivie
Ne va, non plus que nous, jamais d'un même pas;
      Et ces gens veulent au compas,
      Tracer le cours de notre vie!

      Il ne fe faut point arrêter
Aux deux faits ambigus que je viens de conter.
Ce fils par trop chéri, ni le bon homme Æfchile
N'y font rien. Tout aveugle & menteur qu'eft cet art,
Il peut frapper au but une fois entre mille:
      Ce font des effets du hafard.

                             (*Fable CLVIII.*)

L'ANE ET LE CHIEN. Fable CLIX.

J.B. Oudry inv.

Martre aqua forti, M. Aubert cælo sculpserunt.

FABLE XVII.

L'ANE ET LE CHIEN.

IL se faut entr'aider, c'est la loi de nature:
  L'Ane un jour pourtant s'en moqua,
  Et ne sçais comme il y manqua;
  Car il est bonne créature.
Il alloit par pays accompagné du Chien,
  Gravement, sans songer à rien,
  Tous deux suivis d'un commun maître.
Ce maître s'endormit: l'Ane se mit à paître:
  Il étoit alors dans un pré,
  Dont l'herbe étoit fort à son gré.
Point de chardons pourtant, il s'en passa pour l'heure:
Il ne faut pas toujours être si délicat;
  Et faute de servir ce plat,
  Rarement un festin demeure.
  Notre Baudet s'en sçut enfin
Passer pour cette fois. Le Chien mourant de faim,
Lui dit: cher compagnon, baisse-toi, je te prie,
Je prendrai mon dîner dans le panier au pain.
Point de réponse, mot: le Roussin d'Arcadie
  Craignit qu'en perdant un moment,
  Il ne perdît un coup de dent.
  Il fit long-temps la sourde oreille:
Enfin il répondit: ami, je te conseille
D'attendre que ton maître ait fini son sommeil;
Car il te donnera sans faute à son réveil
  Ta portion accoutumée:
  Il ne sçauroit tarder beaucoup.
  Sur ces entrefaites un loup
Sort du bois, & s'en vient: autre bête affamée.
L'Ane appelle aussi-tôt le Chien à son secours.

Tome III.   X

Le Chien ne bouge, & dit: ami, je te confeille
De fuir en attendant que ton maître s'éveille :
Il ne fçauroit tarder. Détale vîte, & cours.
Que fi ce loup t'atteint, caffe-lui la mâchoire.
On t'a ferré de neuf; & fi tu me veux croire,
Tu l'étendras tout plat. Pendant ce beau difcours,
Seigneur loup étrangla le Baudet fans remede.

      Je conclus qu'il faut qu'on s'entr'aide.

(*Fable CLIX.*)

LE BASSA ET LE MARCHAND. Fable CLX.

J.B. Oudry inv.

B.L. Prevost sculp.

FABLE XVIII.

LE BASSA ET LE MARCHAND.

Un Marchand Grec, en certaine contrée,
Faifoit trafic. Un Baſſa l'appuyoit;
De quoi le Grec en Baſſa le payoit,
Non en Marchand : tant c'eſt chere denrée
Qu'un protecteur ! celui-ci coûtoit tant,
Que notre Grec s'alloit par-tout plaignant.
Trois autres turcs d'un rang moindre en puiſſance,
Lui vont offrir leur ſupport en commun.
Eux trois vouloient moins de reconnoiſſance
Qu'à ce Marchand il n'en coûtoit pour un.
Le Grec écoute : avec eux il s'engage;
Et le Baſſa du tout eſt averti :
Même on lui dit qu'il joûra, s'il eſt ſage,
A ces gens-là quelque méchant parti,
Les prévenant, les chargeant d'un meſſage
Pour Mahomet, droit en ſon paradis,
Et ſans tarder : ſinon ces gens unis
Le préviendront, bien certains qu'à la ronde,
Il a des gens tout prêts pour le venger.
Quelque poiſon l'enverra protéger
Les trafiquans qui ſont en l'autre monde.
Sur cet avis, le Turc ſe comporta
Comme Alexandre : & plein de confiance
Chez le Marchand tout droit il s'en alla;
Se mit à table. On vit tant d'aſſurance
En ſes diſcours & dans tout ſon maintien,
Qu'on ne crut point qu'il ſe doutât de rien.
Ami, dit-il, je ſçais que tu me quittes :
Même l'on veut que j'en craigne les ſuites :
Mais je te crois un trop homme de bien :

Tu n'as point l'air d'un donneur de breuvage.
Je n'en dis pas là-deſſus davantage.
Quant à ces gens qui penſent t'appuyer,
Ecoute-moi. Sans tant de dialogue,
Et de raiſons qui pourroient t'ennuyer,
Je ne te veux conter qu'un apologue.

Il étoit un berger, ſon chien, & ſon troupeau.
Quelqu'un lui demanda ce qu'il prétendoit faire
          D'un dogue de qui l'ordinaire
Etoit un pain entier. Il falloit bien & beau
Donner cet animal au ſeigneur du village.
          Lui berger, pour plus de ménage,
          Auroit deux ou trois mâtinaux,
Qui, lui dépenſant moins, veilleroient aux troupeaux,
          Bien mieux que cette bête ſeule.
Il mangeoit plus que trois, mais on ne diſoit pas
          Qu'il avoit auſſi triple gueule,
          Quand les loups livroient des combats.
Le berger s'en défait: il prend trois chiens de taille
A lui dépenſer moins, mais à fuir la bataille.
Le troupeau s'en ſentit: & tu te ſentiras
          Du choix de ſemblable canaille.
     Si tu fais bien, tu reviendras à moi.
     Le Grec le crut. Ceci montre aux Provinces
     Que tout compté, mieux vaut, en bonne foi,
     S'abandonner à quelque puiſſant roi,
     Que s'appuyer de pluſieurs petits princes.

L'AVANTAGE DE LA SCIENCE. Fable CLXI.

J.B. Oudry inv.

P.E. Moitte Sculp.

FABLE XIX.

L'AVANTAGE DE LA SCIENCE.

Entre deux bourgeois d'une ville
S'émut jadis un différent.
L'un étoit pauvre, mais habile :
L'autre riche, mais ignorant.
Celui-ci fur fon concurrent
Vouloit emporter l'avantage ;
Prétendoit que tout homme fage
Etoit tenu de l'honorer.
C'étoit tout homme fot : car pourquoi révérer
Des biens dépourvûs de mérite ?
La raifon m'en femble petite.
Mon ami, difoit-il fouvent
Au fçavant,
Vous vous croyez confidérable :
Mais, dites-moi, tenez-vous table ?
Que fert à vos pareils de lire inceffamment ?
Ils font toujours logés à la troifieme chambre,
Vétus au mois de Juin comme au mois de Décembre,
Ayant pour tout laquais leur ombre feulement.
La république a bien affaire
De gens qui ne dépenfent rien.
Je ne fçais d'homme néceffaire,
Que celui dont le luxe épand beaucoup de bien :
Nous en ufons, Dieu fçait. Notre plaifir occupe
L'artifan, le vendeur, celui qui fait la jupe,
Et celle qui la porte, & vous qui dédiés
A meffieurs les gens de finance,
De méchans livres bien payés.
Ces mots, remplis d'impertinence,
Eurent le fort qu'ils méritoient.

Tome III.   Y

L'homme lettré fe tut: il avoit trop à dire.
La guerre le vengea bien mieux qu'une fatyre.
Mars détruifit le lieu que nos gens habitoient.
> L'un & l'autre quitta fa ville.
> L'ignorant refta fans afyle:
> Il reçut par-tout des mépris.
L'autre reçut par-tout quelque faveur nouvelle.
> Cela décida leur querelle.

Laiffez dire les fots: le fçavoir a fon prix.

JUPITER ET LES TONNERRES . Fable CLXII.

J.B. oudry inv.

P. Martenasie sculp

FABLE XX.

JUPITER ET LES TONNERRES.

Jupiter voyant nos fautes,
Dit un jour du haut des airs :
Rempliffons de nouveaux hôtes
Les cantons de l'Univers,
Habités par cette race
Qui m'importune & me laffe.
Va-t-en, Mercure, aux enfers :
Amene-moi la furie
La plus cruelle des trois.
Race que j'ai trop chérie,
Tu périras cette fois.
Jupiter ne tarda guere
A modérer fon tranfport.

O vous, rois, qu'il voulut faire
Arbitres de notre fort,
Laiffez entre la colere
Et l'orage qui la fuit,
L'intervalle d'une nuit.

Le Dieu dont l'aîle eft légere,
Et la langue a des douceurs,
Alla voir les noires fœurs.
A Tifiphone & Mégere
Il préféra, ce dit-on,
L'impitoyable Alecton.
Ce choix la rendit fi fiere,
Qu'elle jura, par Pluton,
Que toute l'engeance humaine
Seroit bien-tôt du domaine

Des déités de là-bas.
Jupiter n'approuva pas
Le ferment de l'Euménide.
Il la renvoie, & pourtant
Il lance un foudre à l'inftant
Sur certain peuple perfide.
Le tonnerre ayant pour guide
Le pere même de ceux
Qu'il menaçoit de fes feux,
Se contenta de leur crainte.
Il n'embrafa que l'enceinte
D'un défert inhabité.
Tout pere frappe à côté.
Qu'arriva-t-il? notre engeance
Prit pied fur cette indulgence.
Tout l'olympe s'en plaignit;
Et l'affembleur de nuages
Jura le Styx, & promit
De former d'autres orages:
Ils feroient fûrs. On fourit:
On lui dit qu'il étoit pere;
Et qu'il laiffât, pour le mieux,
A quelqu'un des autres dieux
D'autres tonnerres à faire.
Vulcain entreprit l'affaire.
Ce Dieu remplit fes fourneaux
De deux fortes de carreaux.
L'un, jamais ne fe fourvoie,
Et c'eft celui que toujours
L'olympe en corps nous envoie.
L'autre s'écarte en fon cours:
Ce n'eft qu'aux monts qu'il en coûte:
Bien fouvent même il fe perd;
Et ce dernier en fa route
Nous vient du feul Jupiter.

(*Fable* CLXII.)

LE FAUCON ET LE CHAPON . Fable CLXIII.

J.B. Oudry inv.

P.F. Tardieu sculp.

LE CHAT ET LE RAT, Fable CLXIV.

J.B. Oudry inv.   Chedel sculp.

FABLE XXII.

Le Chat et le Rat.

Quatre animaux divers, le Chat Grippe-fromage,
Trifte oifeau le Hibou, Ronge-maille le Rat,
  Dame Belette au long corfage,
  Toutes gens d'efprit fcélérat,
Hantoient le tronc pourri d'un pin vieux & fauvage.
Tant y furent qu'un foir à l'entour de ce pin
L'homme tendit fes rets. Le Chat de grand matin
  Sort pour aller chercher fa proie.
Les derniers traits de l'ombre empêchent qu'il ne voie
Le filet : il y tombe, en danger de mourir;
Et mon Chat de crier, & le Rat d'accourir,
L'un plein de défefpoir, & l'autre plein de joie.
Il voyoit dans les lacs fon mortel ennemi.
  Le pauvre Chat dit : cher ami,
  Les marques de ta bienveillance
  Sont communes en mon endroit :
Viens m'aider à fortir du piége où l'ignorance
  M'a fait tomber : c'eft à bon droit
Que feul entre les tiens, par amour finguliere
Je t'ai toujours choyé, t'aimant comme mes yeux.
Je n'en ai point regret, & j'en rends grace aux dieux.
  J'allois leur faire ma priere,
Comme tout dévot Chat en ufe les matins :
Ce rézeau me retient : ma vie eft en tes mains :
Viens diffoudre ces nœuds. Et quelle récompenfe
  En aurai-je ? reprit le Rat.
  Je jure éternelle alliance
  Avec toi, repartit le Chat.
Difpofe de ma griffe, & fois en affurance :
Envers & contre tous je te protégerai;

Et la belette mangerai
Avec l'époux de la chouette.
Ils t'en veulent tous deux. Le Rat dit: idiot!
Moi ton libérateur? Je ne ſuis pas ſi ſot.
Puis il s'en va vers ſa retraite.
La belette étoit près du trou.
Le Rat grimpe plus haut, il y voit le Hibou:
Dangers de toutes parts: le plus preſſant l'emporte.
Ronge-maille retourne au Chat, & fait en ſorte
Qu'il détache un chaînon, puis un autre, & puis tant
Qu'il dégage enfin l'hypocrite.
L'homme paroît en cet inſtant:
Les nouveaux alliés prennent tous deux la fuite.
A quelque temps de là, notre Chat vit de loin
Son Rat qui ſe tenoit alerte & ſur ſes gardes.
Ah! mon frere, dit-il, viens m'embraſſer: ton ſoin
Me fait injure; tu regardes
Comme ennemi ton allié?
Penſes-tu que j'aye oublié
Qu'après Dieu je te dois la vie?
Et moi, reprit le Rat, penſes-tu que j'oublie
Ton naturel? Aucun traité
Peut-il forcer un Chat à la reconnoiſſance?
S'aſſure-t-on ſur l'alliance
Qu'à faite la néceſſité?

(*Fable CLXIV.*)

FABLE XXIII.

LE TORRENT

ET

LA RIVIERE.

FABLE XXIII.

LE TORRENT ET LA RIVIERE.

Avec grand bruit & grand fracas,
Un Torrent tomboit des montagnes.
Tout fuyoit devant lui: l'horreur fuivoit fes pas;
Il faifoit trembler les campagnes.
Nul voyageur n'ofoit paffer
Une barriere fi puiffante.
Un feul vit des voleurs; & fe fentant preffer,
Il mit entr'eux & lui cette onde menaçante.
Ce n'étoit que menace, & bruit fans profondeur:
Notre homme enfin n'eut que la peur.
Ce fuccès lui donnant courage,
Et les mêmes voleurs le pourfuivant toujours,
Il rencontra fur fon paffage
Une Riviere dont le cours,
Image d'un fommeil doux, paifible & tranquille,
Lui fit croire d'abord ce trajet fort facile.
Point de bords efcarpés, un fable pur & net.
Il entre, & fon cheval le met
A couvert des voleurs, mais non de l'onde noire.
Tous deux au Styx allerent boire;
Tous deux, à nager malheureux,
Allerent traverfer au féjour ténébreux,
Bien d'autres fleuves que les nôtres.

Les gens fans bruit font dangereux:
Il n'en eft pas ainfi des autres.

(*Fable CLXV.*)

LE TORRENT ET LA RIVIERE. Fable CLXV.

J.B. Oudry inv.
L. Langeveau sculp.

FABLE XXIV.

L'EDUCATION.

FABLE XXIV.

L'ÉDUCATION.

Laridon & Céſar, freres dont l'origine
Venoit de chiens fameux, beaux, bien faits & hardis,
A deux maîtres divers échus au temps jadis,
Hantoient, l'un les forêts, & l'autre la cuiſine.
Ils avoient eu d'abord chacun un autre nom:
  Mais la diverſe nourriture
Fortifiant en l'un cette heureuſe nature,
En l'autre l'altérant, un certain marmiton
  Nomma celui-ci Laridon.
Son frere ayant couru mainte haute aventure,
Mis maint cerf aux abois, maint ſanglier abattu,
Fut le premier Céſar que la gent chienne ait eu.
On eut ſoin d'empêcher qu'une indigne maîtreſſe
Ne fît en ſes enfans dégénérer ſon ſang.
Laridon négligé, témoignoit ſa tendreſſe
  A l'objet le premier paſſant.
  Il peupla tout de ſon engeance:
Tourne-broches par lui rendus communs en France,
Y font un corps à part, gens fuyans les hazards,
  Peuple antipode des Céſars.

On ne ſuit pas toujours ſes ayeux ni ſon pere:
Le peu de ſoin, le temps, tout fait qu'on dégénére.
Faute de cultiver la nature & ſes dons,
O combien de Céſars deviendront Laridons!

(*Fable CLXVI.*)

L'ÉDUCATION. Fable CLXVI.

LES DEUX CHIENS ET L'ANE MORT. Fable CLXVII.

FABLE XXV.

LES DEUX CHIENS ET L'ANE MORT.

Les vertus devroient être fœurs,
    Ainſi que les vices ſont freres:
Dès que l'un de ceux-ci s'empare de nos cœurs,
Tous viennent à la file, il ne s'en manque gueres;
    J'entends de ceux qui n'étant pas contraires,
      Peuvent loger ſous même toit.
A l'égard des vertus, rarement on les voit
Toutes en un ſujet éminemment placées
Se tenir par la main ſans être diſperſées.
L'un eſt vaillant, mais prompt: l'autre eſt prudent, mais froid.

Parmi les animaux, le Chien ſe pique d'être
    Soigneux & fidele à ſon maître:
    Mais il eſt ſot, il eſt gourmand:
Témoin ces deux Mâtins qui, dans l'éloignement,
Virent un Ane mort qui flottoit ſur les ondes.
Le vent de plus en plus l'éloignoit de nos Chiens.
Ami, dit l'un, tes yeux ſont meilleurs que les miens,
Porte un peu tes regards ſur ces plaines profondes.
J'y crois voir quelque choſe: eſt-ce un bœuf, un cheval?
    Hé qu'importe quel animal?
Dit l'un de ſes Mâtins: voilà toujours curée.
Le point eſt de l'avoir: car le trajet eſt grand;
Et de plus il nous faut nager contre le vent.
Buvons toute cette eau: notre gorge altérée
En viendra bien à bout: ce corps demeurera
    Bien-tôt à ſec, & ce ſera
    Proviſion pour la ſemaine.
Voilà mes Chiens à boire, ils perdirent l'haleine,
    Et puis la vie: ils firent tant

Tome III.   Bb

Qu'on les vit crever à l'inftant.

L'homme eft ainfi bâti : quand un fujet l'enflamme,
L'impoffibilité difparoît à fon ame.
Combien fait-il de vœux ? combien perd-il de pas ?
S'outrant pour acquérir des biens ou de la gloire ?
        Si j'arrondiffois mes états !
Si je pouvois remplir mes coffres de ducats !
Si j'apprenois l'hébreu, les fçiences, l'hiftoire !
        Tout cela c'eft la mer à boire.
        Mais rien à l'homme ne fuffit :
Pour fournir aux projets que forme un feul efprit,
Il faudroit quatre corps, encor loin d'y fuffire,
A mi-chemin je crois que tous demeureroient :
Quatre Mathufalems bout à bout ne pourroient
        Mettre à fin ce qu'un feul defire.

(*Fable* CLXVII.)

DEMOCRITE ET LES ABDERITAINS. Fable CLXVIII.

FABLE XXVI.

DÉMOCRITE ET LES ABDÉRITAINS.

Que j'ai toujours haï les penfers du vulgaire!
Qu'il me femble profane, injufte & téméraire,
Mettant de faux milieux entre la chofe & lui,
Et mefurant par foi ce qu'il voit en autrui!
Le Maître d'Epicure en fit l'apprentiffage.
Son pays le crut fou: petits efprits! mais quoi?
   Aucun n'eft prophête chez foi.
Ces gens étoient les fous: Démocrite le fage.
L'erreur alla fi loin, qu'Abdere députa
   Vers Hippocrate, & l'invita
   Par lettres & par ambaffade,
A venir rétablir la raifon du malade.
Notre concitoyen, difoient-ils en pleurant,
Perd l'efprit: la lecture a gâté Démocrite.
Nous l'eftimerions plus s'il étoit ignorant.
Aucun nombre, dit-il, les mondes ne limite:
   Peut-être même ils font remplis
   De Démocrites infinis.
Non content de ce fonge, il y joint les atomes,
Enfans d'un cerveau creux, invifibles fantômes;
Et mefurant les cieux fans bouger d'ici-bas,
Il connoît l'univers, & ne fe connoît pas.
Un temps fut qu'il fçavoit accorder les débats:
   Maintenant il parle à lui-même.
Venez, divin mortel, fa folie eft extrême.
Hippocrate n'eut pas trop de foi pour ces gens:
Cependant il partit: & voyez, je vous prie,
   Quelles rencontres dans la vie
Le fort caufe; Hippocrate arriva dans le temps
Que celui qu'on difoit n'avoir raifon ni fens,

Cherchoit dans l'homme & dans la bête,
Quel fiége a la raifon, foit le cœur, foit la tête.
Sous un ombrage épais, affis près d'un ruiffeau,
   Les labyrinthes d'un cerveau
L'occupoient. Il avoit à fes pieds maint volume,
Et ne vit prefque pas fon ami s'avancer,
   Attaché felon fa coutume.
Leur compliment fut court, ainfi qu'on peut penfer :
Le fage eft ménager du temps & des paroles.
Ayant donc mis à part les entretiens frivoles,
Et beaucoup raifonné fur l'homme & fur l'efprit,
   Ils tomberent fur la morale.
   Il n'eft pas befoin que j'étale
   Tout ce que l'un & l'autre dit.

   Le récit précédent fuffit
Pour montrer que le peuple eft juge récufable.
   En quel fens eft donc véritable
   Ce que j'ai lu dans certain lieu,
   Que fa voix eft la voix de Dieu ?

(*Fable CLXVIII.*)

LE LOUP ET LE CHASSEUR Fable CLXIX.

J.B. Oudry inv.

De Ferth sculp.

FABLE XXVII.

Le Loup et le Chasseur.

Fureur d'accumuler, monftre de qui les yeux
Regardent comme un point tous les bienfaits des Dieux,
Te combattrai-je en vain fans ceffe en cet ouvrage?
Quel temps demandes-tu pour fuivre mes leçons?
L'homme fourd à ma voix, comme à celle du fage,
Ne dira-t-il jamais: c'eft affez, jouiffons?
Hâte-toi, mon ami: tu n'as pas tant à vivre.
Je te rebats ce mot, car il vaut tout un livre.
Jouis. Je le ferai. Mais quand donc? Dès demain.
Eh! mon ami, la mort te peut prendre en chemin.
Jouis dès aujourd'hui: redoute un fort femblable
A celui du Chaffeur & du Loup de ma Fable.

Le premier, de fon arc avoit mis bas un daim.
Un fan de biche paffe, & le voilà foudain
Compagnon du défunt; tous deux gifent fur l'herbe.
La proie étoit honnête; un daim avec un fan!
Tout modefte chaffeur en eût été content.
Cependant un fanglier, monftre énorme & fuperbe,
Tente encor notre archer, friand de tels morceaux.
Autre habitant du Styx: la parque & fes cifeaux
Avec peine y mordoient; la déeffe infernale
Reprit à plufieurs fois l'heure au monftre fatale:
De la force du coup pourtant il s'abattit.
C'étoit affez de biens; mais quoi? rien ne remplit
Les vaftes appétits d'un faifeur de conquêtes.
Dans le temps que le porc revient à foi, l'archer
Voit le long d'un fillon une perdrix marcher,
   Surcroît chetif aux autres têtes.
De fon arc toutefois il bande les refforts.

Tome III.   Cc

Le fanglier rappellant les reftes de fa vie,
Vient à lui, le découd, meurt vengé fur fon corps;
   Et la Perdrix le remercie.

Cette part du récit s'adreffe aux convoiteux.
L'avare aura pour lui le refte de l'exemple.

Un Loup vit en paffant ce fpectacle piteux.
O fortune! dit-il, je te promets un temple.
Quatre corps étendus! que de biens! mais pourtant
Il faut les ménager; ces rencontres font rares.
   (Ainfi s'excufent les avares)
J'en aurai, dit le Loup, pour un mois, pour autant.
Un, deux, trois, quatre corps, ce font quatre femaines,
   Si je fçais compter, toutes pleines.
Commençons dans deux jours; & mangeons cependant
La corde de cet arc: il faut que l'on l'ait faite
De vrai boyau; l'odeur me le témoigne affez.
   En difant ces mots, il fe jette
Sur l'arc qui fe détend, & fait de la fajette
Un nouveau mort: mon Loup a les boyaux percés.

Je reviens à mon texte: il faut que l'on jouiffe,
Témoin ces deux gloutons punis d'un fort commun.
   La convoitife perdit l'un,
   L'autre périt par l'avarice.

Fin du huitieme Livre.

(*Fable CLXIX.*)

FABLES

CHOISIES.

LIVRE NEUVIEME.

FABLES CHOISIES.
LIVRE NEUVIEME.

FABLE I.

Le Dépositaire infidele.

Grace aux Filles de Mémoire,
J'ai chanté des animaux:
Peut-être d'autres Héros
M'auroient acquis moins de gloire.
Le loup, en langue des dieux,
Parle au chien dans mes ouvrages.
Les bêtes, à qui mieux mieux,
Y font divers perfonnages:
Les uns fous, les autres fages,
De telle forte pourtant
Que les fous vont l'emportant:
La mefure en eft plus pleine. '
Je mets auffi fur la fcene
Des trompeurs, des fcélérats,
Des tyrans & des ingrats,
Mainte imprudente pécore,
Force fots, force flatteurs.
Je pourrois y joindre encore
Des légions de menteurs.
Tout homme ment, dit le fage.
S'il n'y mettoit feulement
Que les gens du bas étage,
On pourroit aucunement
Souffrir ce défaut aux hommes.
Mais que tous tant que nous fommes,

LE DEPOSITAIRE INFIDELE. Fable CLXX.

Nous mentions, grand & petit,
Si quelqu'autre l'avoit dit,
Je foutiendrois le contraire.
Et même qui mentiroit
Comme Éfope, & comme Homere,
Un vrai menteur ne feroit.
Le doux charme de maint fonge,
Par leur bel art inventé,
Sous les habits du menfonge
Nous offre la vérité.
L'un & l'autre a fait un livre
Que je tiens digne de vivre
Sans fin, & plus, s'il fe peut:
Comme eux ne ment pas qui veut.
Mais mentir comme fçut faire
Un certain Dépofitaire
Payé par fon propre mot,
Eft d'un méchant, & d'un fot.
Voici le fait. Un trafiquant de Perfe
Chez fon voifin, s'en allant en commerce,
Mit en dépôt un cent de fer un jour.
Mon fer, dit-il, quand il fut de retour.
Votre fer? il n'eft plus: j'ai regret de vous dire,
    Qu'un rat l'a mangé tout entier.
J'en ai grondé mes gens: mais qu'y faire? un grenier
A toujours quelque trou. Le trafiquant admire
Un tel prodige, & feint de le croire pourtant.
Au bout de quelques jours il détourne l'enfant
Du perfide voifin; puis à fouper convie
Le pere qui s'excufe, & lui dit en pleurant:
    Difpenfez-moi, je vous fupplie;
    Tous plaifirs pour moi font perdus.
    J'aimois un fils plus que ma vie;
Je n'ai que lui: que dis-je? helas! je ne l'ai plus.
On me l'a dérobé. Plaignez mon infortune.

Le marchand repartit: hier au foir fur la brune,
Un chat-huant s'en vint votre fils enlever:
Vers un vieux bâtiment je le lui vis porter.
Le pere dit: comment voulez-vous que je croie
Qu'un hibou pût jamais emporter cette proie?
Mon fils, en un befoin, eût pris le chat-huant.
Je ne vous dirai point, reprit l'autre, comment,
Mais enfin je l'ai vû, vû de mes yeux, vous dis-je,
          Et ne vois rien qui vous oblige
D'en douter un moment après ce que je dis.
          Faut-il que vous trouviez étrange
          Que les Chat-huants d'un pays
Où le quintal de fer par un feul rat fe mange,
Enlevent un garçon pefant un demi-cent?
L'autre vit où tendoit cette feinte aventure.
          Il rendit le fer au marchand,
          Qui lui rendit fa géniture.

Même difpute avint entre deux voyageurs.
          L'un d'eux étoit de ces conteurs
Qui n'ont jamais rien vû qu'avec un microfcope.
Tout eft géant chez eux: écoutez les, l'Europe
Comme l'Afrique aura des monftres à foifon.
Celui-ci fe croyoit l'hyperbole permife.
J'ai vû, dit-il, un chou plus grand qu'une maifon.
Et moi, dit l'autre, un pot auffi grand qu'une églife.
Le premier fe moquant, l'autre reprit: tout doux,
          On le fit pour cuire vos choux.
L'homme au pot fut plaifant: l'homme au fer fut habile.

Quand l'abfurde eft outré, l'on lui fait trop d'honneur
De vouloir, par raifon, combattre fon erreur:
Enchérir eft plus court, fans s'échauffer la bile.

(*Fable* CLXX.)

FABLE II.

LES DEUX PIGEONS.

FABLE II.

LES DEUX PIGEONS.

Deux Pigeons s'aimoient d'amour tendre:
L'un d'eux s'ennuyant au logis,
Fut affez fou pour entreprendre
Un voyage en lointain pays.
L'autre lui dit: qu'allez-vous faire?
Voulez-vous quitter votre frere?
L'abfence eft le plus grand des maux:
Non pas pour vous, cruel. Au moins que les travaux,
Les dangers, les foins du voyage,
Changent un peu votre courage.
Encor fi la faifon s'avançoit davantage!
Attendez les zéphirs: qui vous preffe? un corbeau
Tout à l'heure annonçoit malheur à quelque oifeau.
Je ne fongerai plus que rencontre funefte,
Que faucons, que rézeaux. Hélas! dirai-je, il pleut:
Mon frere, a-t-il tout ce qu'il veut,
Bon foupé, bon gîte, & le refte?
Ce difcours ébranla le cœur
De notre imprudent voyageur:
Mais le defir de voir & l'humeur inquiéte
L'emporterent enfin. Il dit: ne pleurez point;
Trois jours au plus rendront mon ame fatisfaite:
Je reviendrai dans peu conter de point en point
Mes aventures à mon frere.
Je le défennuirai: quiconque ne voit guére
N'a guére à dire auffi. Mon voyage dépeint
Vous fera d'un plaifir extrême.
Je dirai: j'étois là, telle chofe m'avint:
Vous y croirez être vous-même.

LES DEUX PIGEONS . Fable CLXXI

J.B. Oudry inv. Chedel sculp.

A ces mots, en pleurant, ils ſe dirent adieu.
Le voyageur s'éloigne ; & voilà qu'un nuage
L'oblige de chercher retraite en quelque lieu.
Un ſeul arbre s'offrit, tel encor que l'orage
Maltraita le Pigeon en dépit du feuillage.
L'air devenu ſerein, il part tout morfondu,
Séche, du mieux qu'il peut, ſon corps chargé de pluie ;
Dans un champ à l'écart voit du bled répandu,
Voit un Pigeon auprès, cela lui donne envie :
Il y vole, il eſt pris : ce bled couvroit d'un las
      Les menteurs & traîtres appâts.
Le las étoit uſé ; ſi bien que de ſon aîle,
De ſes pieds, de ſon bec, l'oiſeau le rompt enfin :
Quelque plume y périt ; & le pis du deſtin
Fut qu'un certain vautour à la ſerre cruelle,
Vit notre malheureux, qui traînant la ficelle,
Et les morceaux du las qui l'avoit attrappé,
      Sembloit un forçat échappé.
Le vautour s'en alloit le lier, quand des nues
Fond à ſon tour un Aigle aux aîles étendues.
Le Pigeon profita du conflit des voleurs,
S'envola, s'abattit auprès d'une mazure,
      Crut pour ce coup que ſes malheurs
      Finiroient par cette aventure :
Mais un fripon d'enfant, cet âge eſt ſans pitié,
Prit ſa fronde, & d'un coup, tua plus d'à moitié
      La volatille malheureuſe,
    Qui maudiſſant ſa curioſité,
      Traînant l'aîle, & tirant le pied,
      Demi-morte, & demi-boiteuſe,
      Droit au logis s'en retourna :
      Que bien, que mal, elle arriva,
      Sans autre aventure fâcheuſe.
Voilà nos gens rejoints ; & je laiſſe à juger
De combien de plaiſirs ils payerent leurs peines.
Tome III.   E e

Amans, heureux amans, voulez-vous voyager?
   Que ce foit aux rives prochaines.
Soyez-vous l'un à l'autre un monde toujours beau,
   Toujours divers, toujours nouveau:
Tenez-vous lieu de tout, comptez pour rien le refte.
J'ai quelquefois aimé: je n'aurois pas alors,
   Contre le Louvre & fes tréfors,
Contre le Firmament & fa voûte célefte,
   Changé les bois, changé les lieux,
Honorés par les pas, éclairés par les yeux
   De l'aimable & jeune Bergere,
   Pour qui, fous le fils de Cythere,
Je fervis engagé par mes premiers fermens.
Hélas! quand reviendront de femblables momens?
Faut-il que tant d'objets fi doux & fi charmans,
Me laiffent vivre au gré de mon ame inquiéte?
Ah! fi mon cœur ofoit encor fe renflammer!
Ne fentirai-je plus de charme qui m'arrête?
   Ai-je paffé le temps d'aimer?

(*Fable* CLXXI.)

LE SINGE ET LE LEOPARD. Fable CLXXII. 2e Planche.

J.B.Oudry inv.

P. Aveline sculp.

LE SINGE ET LE LÉOPARD. Fable CLXXII.

J.B. Oudry inv.   L. Le Mire sculp.

FABLE III.

Le Singe et le Léopard.

Le Singe avec le Léopard
Gagnoient de l'argent à la foire:
Ils affichoient chacun à part.
L'un d'eux disoit: messieurs, mon mérite & ma gloire
Sont connus en bon lieu: le roi m'a voulu voir;
Et si je meurs, il veut avoir
Un manchon de ma peau, tant elle est bigarrée,
Pleine de taches, marquetée,
Et vergetée, & mouchetée.
La bigarrure plaît: partant chacun le vit.
Mais ce fut bien-tôt fait, bien-tôt chacun sortit.
Le Singe de sa part disoit: venez de grace,
Venez, messieurs: je fais cent tours de passe-passe.
Cette diversité dont on vous parle tant,
Mon voisin Léopard l'a sur soi seulement:
Moi je l'ai dans l'esprit: votre serviteur gille,
Cousin & gendre de Bertrand,
Singe du Pape en son vivant,
Tout fraîchement en cette ville
Arrive en trois batteaux, exprès pour vous parler:
Car il parle, on l'entend, il sçait danser, baller,
Faire des tours de toute sorte,
Passer en des cerceaux; & le tout pour six blancs:
Non, messieurs, pour un sou: si vous n'êtes contens,
Nous rendrons à chacun son argent à la porte.

Le Singe avoit raison: ce n'est pas sur l'habit
Que la diversité me plaît, c'est dans l'esprit:
L'une fournit toujours des choses agréables,

L'autre, en moins d'un moment, lasse les regardans.
O que de grands Seigneurs, au Léopard semblables,
      N'ont que l'habit pour tous talens!

(*Fable* CLXXII.)

LE GLAND ET LA CITROUILLE. Fable CLXXIII.

J.B. Oudry inv.

P.Aveline sculp.

FABLE IV.

LE GLAND ET LA CITROUILLE.

Dieu fait bien ce qu'il fait. Sans en chercher la preuve
En tout cet univers, & l'aller parcourant,
  Dans les Citrouilles je la treuve.

  Un villageois confidérant
Combien ce fruit eft gros, & fa tige menue,
A quoi fongeoit, dit-il, l'Auteur de tout cela?
Il a bien mal placé cette Citrouille-là:
  Hé, parbleu, je l'aurois pendue
  A l'un des chênes que voilà.
  C'eût été juftement l'affaire:
  Tel fruit, tel arbre, pour bien faire.
C'eft dommage, Garo, que tu n'es point entré
Au confeil de celui que prêche ton curé:
Tout en eût été mieux: car pourquoi, par exemple,
Le Gland qui n'eft pas gros comme mon petit doigt,
  Ne pend-il pas en cet endroit?
  Dieu s'eft mépris: plus je contemple
Ces fruits ainfi placés, plus il femble à Garo
  Que l'on a fait un quiproquo.
Cette réflexion embarraffant notre homme,
On ne dort point, dit-il, quand on a tant d'efprit.
Sous un chêne auffi-tôt il va prendre fon fomme.
Un Gland tombe: le nez du dormeur en pâtit.
Il s'éveille; & portant la main fur fon vifage,
Il trouve encor le Gland pris au poil du menton.
Son nez meurtri le force à changer de langage:
Oh, oh, dit-il, je faigne! & que feroit-ce donc
S'il fût tombé de l'arbre une maffe plus lourde,
  Et que ce Gland eût été Gourde?

Dieu ne l'a pas voulu: fans doute il eut raifon:
    J'en vois bien à préfent la caufe.
    En louant Dieu de toute chofe
    Garo retourne à la maifon.

(Fable CLXXIII.)

L'ÉCOLIER, LE PÉDANT, ET LE MAITRE D'UN JARDIN. Fable CLXXIV.

FABLE V.

L'Écolier, le Pédant, et le Maître d'un Jardin.

Certain enfant qui fentoit fon Collége,
Doublement fot & doublement fripon,
Par le jeune âge & par le privilége
Qu'ont les Pédans de gâter la raifon,
Chez un voifin déroboit, ce dit-on,
Et fleurs & fruits. Ce voifin, en automne,
Des plus beaux dons que nous offre Pomone
Avoit la fleur, les autres le rebut.
Chaque faifon apportoit fon tribut :
Car au printemps il jouiffoit encore
Des plus beaux dons que nous préfente Flore.
Un jour dans fon jardin il vit notre Écolier,
Qui grimpant, fans égard, fur un arbre fruitier,
Gâtoit jufqu'aux boutons, douce & frêle efpérance,
Avant-coureurs des biens que promet l'abondance :
Même il ébranchoit l'arbre ; & fit tant à la fin,
        Que le poffeffeur du jardin
Envoya faire plainte au Maître de la claffe.
Celui-ci vint fuivi d'un cortége d'enfans.
        Voilà le verger plein de gens
Pires que le premier. Le Pédant, de fa grace,
        Accrut le mal en amenant,
        Cette jeuneffe mal inftruite :
Le tout, à ce qu'il dit, pour faire un châtiment
Qui pût fervir d'exemple, & dont toute fa fuite
Se fouvînt à jamais comme d'une leçon.
Là-deffus il cita Virgile & Ciceron,
        Avec force traits de fcience.
Son difcours dura tant, que la maudite engeance

Eut le temps de gâter en cent lieux le jardin.

Je hais les piéces d'éloquence
Hors de leur place, & qui n'ont point de fin;
Et ne fçais bête au monde pire
Que l'Écolier, fi ce n'eft le Pédant.
Le meilleur de ces deux pour voifin, à vrai dire,
Ne me plairoit aucunement.

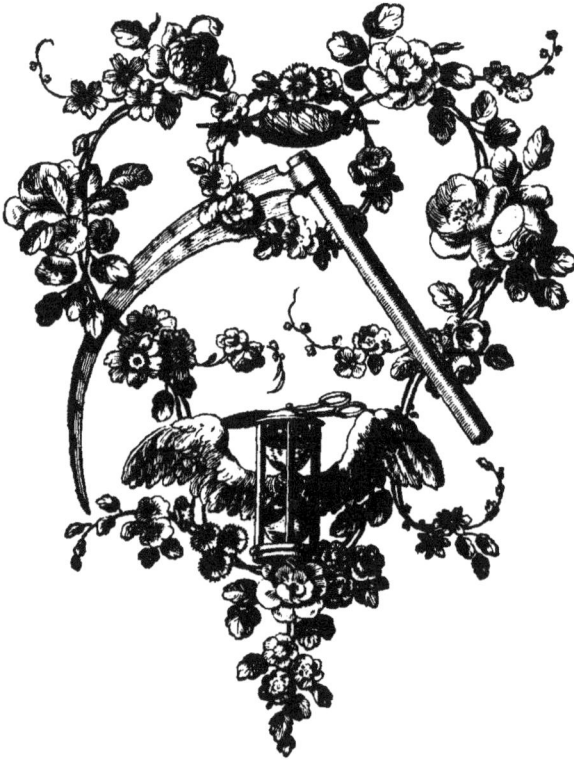

(Fable CLXXIV.)

LE STATUAIRE ET LA STATUE DE JUPITER. Fable CLXXV.

J.B. Oudry inv.

De Kvelh sculp.

FABLE VI.

Le Statuaire et la Statue de Jupiter.

Un bloc de marbre étoit fi beau,
Qu'un Statuaire en fit l'emplette.
Qu'en fera, dit-il, mon cifeau?
Sera-t-il dieu, table, ou cuvette?

Il fera dieu : même je veux
Qu'il ait en fa main un tonnerre.
Tremblez, humains ; faites des vœux :
Voilà le maître de la terre.

L'artifan exprima fi bien
Le caractere de l'idole,
Qu'on trouva qu'il ne manquoit rien
A Jupiter que la parole :

Même l'on dit que l'ouvrier
Eut à peine achevé l'image,
Qu'on le vit frémir le premier,
Et redouter fon propre ouvrage.

A la foibleffe du fculpteur,
Le poëte autrefois n'en dut guere,
Des dieux dont il fut l'inventeur
Craignant la haine & la colere.

Il étoit enfant en ceci :
Les enfans n'ont l'ame occupée,
Que du continuel fouci
Qu'on ne fâche point leur poupée.

Tome III.   Gg

Le cœur fuit aifément l'efprit :
De cette fource eft defcendue
L'erreur payenne qui fe vit
Chez tant de peuples répandue.

Ils embraffoient violemment
Les intérêts de leur chimere.
Pigmalion devint amant
De la Vénus dont il fut pere.

Chacun tourne en réalités,
Autant qu'il peut, fes propres fonges.
L'homme eft de glace aux vérités,
Il eft de feu pour les menfonges.

(Fable CLXXV.)

FABLE VII.

LA SOURIS

MÉTAMORPHOSÉE

EN FILLE.

FABLE VII.

La Souris métamorphosée en Fille.

Une Souris tomba du bec d'un chat-huant:
　　Je ne l'euſſe pas ramaſſée;
Mais un bramin le fit: je le crois aiſément.
　　　Chaque pays a ſa penſée.
　　　La Souris étoit fort froiſſée:
　　　De cette ſorte de prochain
Nous nous ſoucions peu: mais le peuple bramin
　　　Le traite en frere. Ils ont en tête
　　　Que notre ame, au ſortir d'un roi,
Entre dans un ciron, ou dans telle autre bête
Qu'il plaît au ſort: c'eſt-là l'un des points de leur loi.
Pythagore chez eux a puiſé ce myſtere.
Sur un tel fondement le bramin crut bien faire
De prier un ſorcier qu'il logeât la Souris
Dans un corps qu'elle eût eu pour hôte au temps jadis.
　　　Le ſorcier en fit une fille
De l'âge de quinze ans, & telle & ſi gentille,
Que le fils de Priam pour elle auroit tenté
Plus encor qu'il ne fit pour la grecque beauté.
Le bramin fut ſurpris de choſe ſi nouvelle.
　　　Il dit à cet objet ſi doux:
Vous n'avez qu'à choiſir; car chacun eſt jaloux
　　　De l'honneur d'être votre époux.
　　　En ce cas je donne, dit-elle,
　　　Ma voix au plus puiſſant de tous.
Soleil, s'écria lors le bramin à genoux,
　　　C'eſt toi qui ſeras notre gendre.
　　　Non, dit-il: ce nuage épais
Eſt plus puiſſant que moi, puiſqu'il cache mes traits;
　　　Je vous conſeille de le prendre.

LA SOURIS METAMORPHOSEE EN FILLE. Fable CLXXVI.

J.B. Oudry inv.

B.L. Prevost sculp.

Et bien, dit le bramin au nuage volant,
Es-tu né pour ma Fille? hélas! non; car le vent
Me chasse à son plaisir de contrée en contrée:
Je n'entreprendrai point sur les droits de Borée.
   Le bramin fâché, s'écria:
   O vent donc, puisque vent y a,
   Viens dans les bras de notre Belle.
Il accouroit: un mont en chemin l'arrêta.
   L'étœuf passant à celui-là,
Il le renvoye, & dit: j'aurois une querelle
   Avec le rat; & l'offenser
Ce seroit être fou, lui qui peut me percer.
   Au mot de rat, la Demoiselle
   Ouvrit l'oreille; il fut l'époux:
   Un rat! un rat: c'est de ces coups
   Qu'amour fait, témoin telle & telle:
   Mais ceci soit dit entre nous.
On tient toujours du lieu dont on vient; cette fable
Prouve assez bien ce point: mais à la voir de près,
Quelque peu de sophisme entre parmi ses traits:
Car quel époux n'est point au soleil préférable,
En s'y prenant ainsi? Dirai-je qu'un géant
Est moins fort qu'une puce? elle le mord pourtant.
Le rat devoit aussi renvoyer, pour bien faire,
   La Belle au chat, le chat au chien,
   Le chien au loup. Par le moyen
   De cet argument circulaire,
Pilpay jusqu'au soleil eût enfin remonté;
Le soleil eût joui de la jeune beauté.
Revenons, s'il se peut, à la métempsycose:
Le sorcier du bramin fit sans doute une chose
Qui, loin de la prouver, fait voir sa fausseté.
Je prends droit là-dessus contre le bramin même:
   Car il faut, selon son systême,
Que l'homme, la Souris, le ver, enfin chacun
Tome III.   H h

Aille puifer fon ame en un tréfor commun.

   Toutes font donc de même trempe;
   Mais agiffant diverfement
   Selon l'organe feulement,
   L'une s'éleve, & l'autre rampe.
D'où vient donc que ce corps, fi bien organifé,
   Ne put obliger fon hôteffe
De s'unir au foleil, un rat eut fa tendreffe?

   Tout débattu, tout bien pefé,
Les ames des Souris, & les ames des Belles
   Sont très-différentes entre elles.
Il en faut revenir toujours à fon deftin,
C'eft-à-dire, à la loi par le ciel établie.
   Parlez au diable, employez la magie,
Vous ne détournerez nul être de fa fin.

(Fable CLXXVI.)

LE FOU QUI VEND LA SAGESSE , Fable CLXXVII .

FABLE VIII.

LE FOU QUI VEND LA SAGESSE.

Jamais auprès des Fous ne te mets à portée :
Je ne te puis donner un plus fage confeil.
   Il n'eft enfeignement pareil
A celui-là de fuir une tête éventée.
    On en voit fouvent dans les cours.
Le prince y prend plaifir ; car ils donnent toujours
Quelques traits aux fripons, aux fots, aux ridicules.

Un Fol alloit criant par tous les carrefours
Qu'il vendoit la fageffe ; & les mortels crédules
De courir à l'achat : chacun fut diligent.
    On effuyoit force grimaces :
    Puis, on avoit pour fon argent,
Avec un bon foufflet, un fil long de deux braffes.
La plûpart s'en fâchoient ; mais que leur fervoit-il ?
C'étoient les plus moqués : le mieux étoit de rire,
    Ou de s'en aller, fans rien dire,
    Avec fon foufflet & fon fil.
    De chercher du fens à la chofe,
On fe fût fait fiffler ainfi qu'un ignorant.
    La raifon eft-elle garant
De ce que fait un Fou ? le hafard eft la caufe
De tout ce qui fe paffe en un cerveau bleffé.
Du fil & du foufflet pourtant embarraffé,
Un des dupes un jour alla trouver un fage,
    Qui, fans héfiter davantage,
Lui dit : ce font ici hiéroglyphes tout purs.

Les gens bien confeillés, & qui voudront bien faire,
Entre eux & les gens fous mettront, pour l'ordinaire,

La longueur de ce fil : ſinon, je les tiens ſûrs
De quelque ſemblable careſſe.
Vous n'êtes point trompé, ce Fou vend la Sageſſe.

(*Fable CLXXVII.*)

FABLE IX.

L'HUÎTRE

ET

LES PLAIDEURS.

FABLE IX.

L'Huître et les Plaideurs.

Un jour deux Pélerins fur le fable rencontrent
Une Huître que le flot y venoit d'apporter:
Ils l'avalent des yeux, du doigt ils fe la montrent:
A l'égard de la dent il fallut contefter.
L'un fe baiffoit déja pour amaffer la proie,
L'autre le pouffe, & dit: il eft bon de fçavoir
   Qui de nous en aura la joie.
Celui qui le premier a pû l'appercevoir
En fera le gobeur, l'autre le verra faire.
   Si par là l'on juge l'affaire,
Reprit fon compagnon, j'ai l'œil bon, Dieu merci.
   Je ne l'ai pas mauvais auffi,
Dit l'autre; & je l'ai vûe avant vous, fur ma vie.
Et bien, vous l'avez vûe; & moi je l'ai fentie.
   Pendant tout ce bel incident,
Perrin Dandin arrive: ils le prennent pour juge.
Perrin, fort gravement, ouvre l'Huître, & la gruge,
   Nos deux meffieurs le regardant.
Ce repas fait, il dit d'un ton de préfident:
Tenez, la cour vous donne à chacun une écaille
Sans dépens, & qu'en paix chacun chez foi s'en aille.

Mettez ce qu'il en coûte à plaider aujourd'hui:
Comptez ce qu'il en refte à beaucoup de familles;
Vous verrez que Perrin tire l'argent à lui;
Et ne laiffe aux plaideurs que le fac & les quilles.

(*Fable* CLXXVIII.)

L'HUITRE ET LES PLAIDEURS. Fable CLXXVIII.

LE LOUP ET LE CHIEN MAIGRE. Fable CLXXIX.

FABLE X.

Le Loup et le Chien maigre.

Autrefois carpillon fretin,
Eut beau prêcher, il eut beau dire,
On le mit dans la poefle à frire.
Je fis voir que lâcher ce qu'on a dans la main,
Sous efpoir de groffe aventure,
Eft imprudence toute pure.
Le pêcheur eut raifon ; carpillon n'eut pas tort :
Chacun dit ce qu'il peut pour défendre fa vie.
Maintenant il faut que j'appuie
Ce que j'avançai lors, de quelque trait encor.

Certain Loup auffi fot que le Pêcheur fut fage,
Trouvant un Chien hors du village,
S'en alloit l'emporter : le Chien repréfenta
Sa maigreur. Jà ne plaife à votre feigneurie
De me prendre en cet état-là :
Attendez, mon maître marie
Sa fille unique, & vous jugez
Qu'étant de nôce il faut, malgré moi, que j'engraiffe.
Le Loup le croit, le Loup le laiffe.
Le Loup, quelques jours écoulés,
Revient voir fi fon Chien n'eft point meilleur à prendre.
Mais le drôle étoit au logis.
Il dit au Loup par un treillis :
Ami, je vais fortir ; & fi tu veux attendre
Le portier du logis & moi,
Nous ferons tout à l'heure à toi.
Ce portier du logis étoit un Chien énorme,
Expédiant les Loups en forme.

Celui-ci s'en douta. Serviteur au portier,
Dit-il, & de courir. Il étoit fort agile,
        Mais il n'étoit pas fort habile :
Ce Loup ne fçavoit pas encor bien fon métier.

(*Fable CLXXIX.*)

FABLE XI.

RIEN DE TROP.

FABLE XI.

RIEN DE TROP.

Je ne vois point de créature
Se comporter modérément.
Il eſt certain tempéramment
Que le Maître de la nature
Veut que l'on garde en tout. Le fait-on ? nullement.
Soit en bien, ſoit en mal, cela n'arrive guére.
Le bled, riche préſent de la blonde Cérès,
Trop touffu bien ſouvent épuiſe les guérets :
En ſuperfluités s'épandant d'ordinaire,
     Et pouffant trop abondamment,
     Il ôte à ſon fruit l'aliment.
L'arbre n'en fait pas moins, tant le luxe ſçait plaire.
Pour corriger le bled Dieu permit aux moutons
De retrancher l'excès des prodigues moiſſons.
     Tout au travers ils ſe jetterent,
     Gâterent tout, & tout brouterent ;
     Tant que le ciel permit aux loups
D'en croquer quelques-uns : ils les croquerent tous :
S'ils ne le firent pas, du moins ils y tâcherent.
     Puis le ciel permit aux humains
De punir ces derniers : les humains abuſerent
     A leur tour des ordres divins.

De tous les animaux, l'homme a le plus de pente
     A ſe porter dedans l'excès.
     Il faudroit faire le procès
Au͞petits comme aux grands. Il n'eſt ame vivante
Qui ne peche en ceci. *Rien de trop*, eſt un point
Dont on parle ſans ceſſe, & qu'on n'obſerve point.

(*Fable CLXXX.*)

RIEN DE TROP Fable CLXXX.

RIEN DE TROP. Fable CLXXX. 2.e Planche.

J.B. Oudry inv.

P.E. Motte Sculp.

RIEN DE TROP. Fable CLXXX. 3.e Planche.

J.B. Oudry inv.   P. Edme sculp.

FABLE XII.

LE CIERGE.

FABLE XII.

Le Cierge.

C'eſt du ſéjour des dieux que les abeilles viennent:
Les premieres, dit-on, s'en allerent loger
   Au mont Hymette, & ſe gorger
Des tréſors qu'en ce lieu les zéphyrs entretiennent.
Quand on eut des palais de ces filles du ciel
Enlevé l'ambroiſie en leurs chambres encloſe,
   Ou, pour dire en françois la choſe,
   Après que les ruches ſans miel
N'eurent plus que la cire, on fit mainte bougie:
   Maint Cierge auſſi fut façonné.
Un d'eux voyant la terre en brique au feu durcie,
Vaincre l'effort des ans, il eut la même envie;
Et nouvel Empedocle aux flammes condamné
   Par ſa propre & pure folie,
Il ſe lança dedans. Ce fut mal raiſonné:
Ce Cierge ne ſçavoit grain de philoſophie.
Tout en tout eſt divers: ôtez-vous de l'eſprit
Qu'aucun être ait été compoſé ſur le vôtre.
L'Empedocle de cire au braſier ſe fondit:
   Il n'étoit pas plus fou que l'autre.

(Fable CLXXXI.)

LE CIERGE. Fable CLXXXI.

J.B. Oudry inv.   Laur. Care sculp.

JUPITER ET LE PASSAGER. Fable CLXXXII. 2.e Planche.

JUPITER ET LE PASSAGER. Fable CLXXXII.

J.B Oudry inv.   J. Menil sculp.

FABLE XIII.

JUPITER ET LE PASSAGER.

O combien le péril enrichiroit les dieux,
Si nous nous fouvenions des vœux qu'il nous fait faire!
Mais, le péril paffé, l'on ne fe fouvient guére
    De ce qu'on a promis aux cieux:
On compte feulement ce qu'on doit à la terre.
Jupiter, dit l'impie, eft un bon créancier:
    Il ne fe fert jamais d'Huiffier.
    Eh qu'eft-ce donc que le tonnerre?
Comment appellez-vous ces avertiffemens?

    Un Paffager pendant l'orage,
Avoit voué cent bœufs au vainqueur des titans,
Il n'en avoit pas un: vouer cent éléphans
    N'auroit pas coûté davantage.
Il brûla quelques os quand il fut au rivage.
Au nez de Jupiter la fumée en monta.
Sire Jupin, dit-il, prends mon vœu, le voilà:
C'eft un parfum de bœuf que ta grandeur refpire.
La fumée eft ta part: je ne te dois plus rien.
    Jupiter fit femblant de rire:
Mais après quelques jours le dieu l'attrapa bien,
    Envoyant un fonge lui dire
Qu'un tel tréfor étoit en tel lieu. L'homme au vœu
    Courut au tréfor comme au feu.
Il trouva des voleurs: & n'ayant dans fa bourfe
    Qu'un écu pour toute reffource,
    Il leur promit cent talens d'or,
    Bien comptés & d'un tel tréfor:
On l'avoit enterré dedans telle bourgade.

Tome III.   L l

L'endroit parut fufpect aux voleurs, de façon
Qu'à notre prometteur l'un dit : mon camarade,
Tu te moques de nous, meurs ; & va chez Pluton
    Porter tes cent talens en don.

(*Fable CLXXXII.*)

LE CHAT ET LE RENARD. Fable CLXXXIII.

FABLE XIV.

LE CHAT ET LE RENARD.

Le Chat & le Renard, comme beaux petits faints,
    S'en alloient en pélerinage.
C'étoient deux vrais tartufs, deux *archipatelins*,
Deux francs pate-pelus, qui des frais du voyage,
Croquant mainte volaille, efcroquant maint fromage,
    S'indemnifoient à qui mieux mieux.
Le chemin étant long, & partant ennuyeux,
    Pour l'accourcir ils difputerent.
    La difpute eft d'un grand fecours:
    Sans elle on dormiroit toujours.
    Nos pélerins s'égofillerent.
Ayant bien difputé l'on parla du prochain.
    Le Renard au Chat dit enfin:
    Tu prétends être fort habile,
En fçais-tu tant que moi? j'ai cent rufes au fac.
Non, dit l'autre, je n'ai qu'un tour dans mon biffac,
    Mais je foutiens qu'il en vaut mille.
Eux de recommencer la difpute à l'envi.
Sur le que-fi, que-non, tous deux étant ainfi,
    Une meute appaifa la noife.
Le Chat dit au Renard: fouille en ton fac, ami:
    Cherche en ta cervelle matoife
Un ftratagême fûr: pour moi, voici le mien.
A ces mots, fur un arbre il grimpa bel & bien.
    L'autre fit cent tours inutiles,
Entra dans cent terriers, mit cent fois en défaut
    Tous les confreres de Brifaut.
    Par-tout il tenta des afyles;
    Et ce fut par-tout fans fuccès;
La fumée y pourvut, ainfi que les baffets.

Au fortir d'un terrier deux chiens aux pieds agiles,
   L'étranglerent du premier bond.

Le trop d'expédiens peut gâter une affaire :
On perd du temps au choix, on tente, on veut tout faire :
   N'en ayons qu'un, mais qu'il foit bon.

(*Fable CLXXXIII.*)

LE MARI, LA FEMME ET LE VOLEUR. Fable CLXXXIV.

J.B. Oudry inv.   J.C. Teucher Sculpsit.

FABLE XV.

LE MARI, LA FEMME ET LE VOLEUR.

Un Mari fort amoureux,
Fort amoureux de fa Femme,
Bien qu'il fût jouiffant, fe croyoit malheureux.
    Jamais œillade de la Dame,
    Propos flatteur & gracieux,
    Mot d'amitié, ni doux fourire,
    Déifiant le pauvre fire,
N'avoient fait foupçonner qu'il fût vraiment chéri.
    Je le crois, c'étoit un Mari.
    Il ne tint point à l'hymenée
    Que, content de fa deftinée,
    Il n'en remerciât les dieux.
    Mais quoi? fi l'amour n'affaifonne
    Les plaifirs que l'hymen nous donne,
    Je ne vois pas qu'on en foit mieux.
Notre Époufe étant donc de la forte bâtie,
Et n'ayant careffé fon Mari de fa vie,
Il en faifoit fa plainte une nuit. Un Voleur
    Interrompit la doléance.
    La pauvre Femme eut fi grand peur,
    Qu'elle chercha quelque affurance
    Entre les bras de fon Époux.
Ami Voleur, dit-il, fans toi ce bien fi doux
Me feroit inconnu. Prends donc en récompenfe
Tout ce qui peut chez nous être à ta bienféance:
Prends le logis auffi. Les Voleurs ne font pas
    Gens honteux, ni fort délicats:
Celui-ci fit fa main. J'infére de ce conte
    Que la plus forte paffion,
C'eft la peur: elle fait vaincre l'averfion;

Tome III.   Mm

Et l'amour quelquefois: quelquefois il la domte:
   J'en ai pour preuve cet amant,
Qui brûla fa maifon pour embraffer fa dame,
   L'emportant à travers la flamme.
   J'aime affez cet emportement:
Le conte m'en a plû toujours infiniment:
   Il eft bien d'une ame efpagnole,
   Et plus grande encore que folle.

(*Fable CLXXXIV.*)

LE TRESOR ET LES DEUX HOMMES. Fable CLXXXV.

J.B. Oudry inv.   J.Ph. Le Bas aqua forti. C. Baquoy exc.le sculpserunt.

FABLE XVI.

LE TRÉSOR ET LES DEUX HOMMES.

Un Homme n'ayant plus ni crédit, ni reſſource,
  Et logeant le diable en ſa bourſe,
  C'eſt-à-dire, n'y logeant rien,
  S'imagina qu'il feroit bien
De ſe pendre, & finir lui-même ſa miſere:
Puiſqu'auſſi bien, ſans lui, la faim le viendroit faire;
  Genre de mort qui ne duit pas
A gens peu curieux de goûter le trépas.
Dans cette intention une vieille maſure
Fut la ſcene où devoit ſe paſſer l'aventure:
Il y porte une corde; & veut avec un clou
Au haut d'un certain mur attacher le licou.
  La muraille vieille & peu forte,
S'ébranle aux premiers coups, tombe avec un tréſor.
Notre déſeſpéré le ramaſſe, & l'emporte:
Laiſſe-là le licou, s'en retourne avec l'or,
Sans compter: ronde ou non, la ſomme plut au ſire.
Tandis que le galant à grands pas ſe retire,
L'Homme au tréſor arrive, & trouve ſon argent
    Abſent.
Quoi, dit-il, ſans mourir je perdrai cette ſomme?
Je ne me pendrai pas? & vraimemt ſi ferai,
  Ou de corde je manquerai.
Le lacs étoit tout prêt, il n'y manquoit qu'un homme:
Celui-ci ſe l'attache, & ſe pend bien & beau.
  Ce qui le conſola peut-être,
Fut qu'un autre eût pour lui fait les frais du cordeau.
Auſſi-bien que l'argent le licou trouva maître.

L'avare rarement finit ſes jours ſans pleurs:

Il a le moins de part au tréfor qu'il enferre,
>> Théfaurifant pour les voleurs,
>> Pour fes parens, ou pour la terre.
Mais que dire du troc que la fortune fit?
Ce font-là de fes traits: elle s'en divertit.
Plus le tour eft bizarre, & plus elle eft contente.
>> Cette déeffe inconftante
>> Se mit alors en l'efprit
>> De voir un homme fe pendre;
>> Et celui qui fe pendit,
>> S'y devoit le moins attendre.

(Fable CLXXXV.)

FABLE XVII.

LE SINGE

ET

LE CHAT.

FABLE XVII.

LE SINGE ET LE CHAT.

Bertrand avec Raton, l'un Singe, & l'autre Chat,
Commenfaux d'un logis, avoient un commun maître.
D'animaux malfaifans c'étoit un très-bon plat:
Ils n'y craignoient tous deux aucun, quel qu'il pût être.
Trouvoit-on quelque chofe au logis de gâté,
L'on ne s'en prenoit point aux gens du voifinage.
Bertrand déroboit tout: Raton, de fon côté,
Étoit moins attentif aux fouris qu'au fromage.

Un jour, au coin du feu, nos deux maîtres fripons
     Regardoient rôtir des marrons:
Les efcroquer étoit une très-bonne affaire:
Nos galans y voyoient double profit à faire,
Leur bien premiérement, & puis le mal d'autrui.
Bertrand dit à Raton: frere, il faut aujourd'hui
     Que tu faffes un coup de maître.
Tire-moi ces marrons: fi Dieu m'avoit fait naître
     Propre à tirer marrons du feu,
     Certes, marrons verroient beau jeu.
Auffi-tôt fait que dit: Raton avec fa patte,
     D'une maniere délicate,
Écarte un peu la cendre, & retire les doigts;
     Puis les reporte à plufieurs fois;
Tire un marron, puis deux, & puis trois en efcroque;
     Et cependant Bertrand les croque.
Une fervante vient: adieu mes gens. Raton
     N'étoit pas content, ce dit-on.
Auffi ne le font pas la plûpart de ces princes
     Qui, flattés d'un pareil emploi,
     Vont s'échauder en des provinces,
     Pour le profit de quelque roi.

(Fable CLXXXVI.)

LE SINGE ET LE CHAT . Fable CLXXXVI.

J.B. Oudry inv.

L. Le Mire sculp.

FABLE XVIII.

LE MILAN

ET

LE ROSSIGNOL.

FABLE XVIII.

Le Milan et le Rossignol.

Après que le Milan, manifeste voleur,
Eut répandu l'allarme en tout le voisinage,
Et fait crier sur lui les enfans du village,
Un Rossignol tomba dans ses mains, par malheur.
Le héraut du printemps lui demande la vie:
Aussi-bien que manger en qui n'a que le son?
            Écoutez plutôt ma chanson:
Je vous raconterai Terée & son envie.
Qui, Terée? est-ce un mets propre pour les Milans?
Non pas, c'étoit un roi, dont les feux violens
Me firent ressentir leur ardeur criminelle:
Je m'en vais vous en dire une chanson si belle
Qu'elle vous ravira: mon chant plaît à chacun.
            Le Milan alors lui replique:
Vraiment nous voici bien, lorsque je suis à jeun,
            Tu me viens parler de musique?
J'en parle bien aux rois. Quand un roi te prendra,
            Tu peux lui conter ces merveilles:
            Pour un Milan, il s'en rira:
            Ventre affamé n'a point d'oreilles.

(*Fable CLXXXVII.*)

LE MILAN ET LE ROSSIGNOL , Fable CLXXXVII.

J.B. Oudry inv.   Chedel sculp.

LE BERGER ET SON TROUPEAU   Fable CLXXXVIII.

J.B. Oudry inv.

Tardieu sculp.

FABLE XIX.

Le Berger et son Troupeau.

Quoi toujours il me manquera
Quelqu'un de ce peuple imbécille!
Toujours le loup m'en gobera!
J'aurai beau les compter: ils étoient plus de mille,
Et m'ont laiffé ravir notre pauvre robin;
  Robin mouton, qui par la ville
  Me fuivoit pour un peu de pain,
Et qui m'auroit fuivi jufques au bout du monde.
Hélas! de ma mufette il entendoit le fon:
Il me fentoit venir de cent pas à la ronde.
  Ah le pauvre robin mouton!
Quand Guillot eut fini cette oraifon funebre,
Et rendu de robin la mémoire célébre,
  Il harangua tout le troupeau,
Les chefs, la multitude, & jufqu'au moindre agneau,
  Les conjurant de tenir ferme:
Cela feul fuffiroit pour écarter les loups.
Foi de peuple d'honneur ils lui promirent tous,
  De ne bouger non plus qu'un terme.
Nous voulons, dirent-ils, étouffer le glouton,
  Qui nous a pris robin mouton.
  Chacun en répond fur fa tête.
  Guillot les crut, & leur fit fête.
  Cependant devant qu'il fût nuit,
  Il arriva nouvel encombre.
 Un loup parut, tout le troupeau s'enfuit.
Ce n'étoit pas un loup, ce n'en étoit que l'ombre.

  Haranguez de méchans foldats,

Tome III.   O o

Ils promettront de faire rage :
Mais au moindre danger adieu tout leur courage :
Votre exemple & vos cris ne les retiendront pas.

Fin du neuvieme Livre & du troisieme Volume.

(*Fable* CLXXXVIII.)

www.ingramcontent.com/pod-product-compliance
Lightning Source LLC
Chambersburg PA
CBHW060028100426
42740CB00010B/1647